Les Dons du Saint-Esprit dans le Nouveau Testament

Suivi d'un Inventaire Personnel
Pouvant Aider
à la Découverte de tes Dons Spirituels

Kenneth Cain Kinghorn

Emeth Press
www.emethpress.com

Les Dons du Saint-Esprit dans le Nouveau Testament :
Suivi d'un Inventaire Personnel Pouvant Aider
à la Découverte de tes Dons Spirituels

Edition originale publiée en langue anglaise sous le titre de : The New Testament Gifts of the Holy Spirit : Including a Personal Inventory to Help You Discover Your Spiritual Gifts. publie par Emeth Press. Imprimé aux Etats-Unis d'Amérique à l'aide de papier sans acide

© 2005 Kenneth Cain Kinghorn

Edition en langue Française © 2013 publié par Emeth Press.
Imprimé aux Etats-Unis d'Amérique.

Tous droits de traduction, de reproduction et d'adaptation réservés. Aucune partie de ce livre ne pourra être reproduite ou stockée dans un système de récupération ou transmise dans aucune forme ou d'aucune manière, électronique, mécanique, photocopie, enregistrement, scannage, ou autre, à l'exception des conditions pourvues par le United States Copyright Act de 1976, ou avec la permission de Emeth Press dûment accordée par écrit. Les requêtes de permission devront être adressées à: Emeth Press, P. O. Box 23961, Lexington, KY 40523-3961. http://www.emethpress.com

Traduction: Mathieu S. Gnonhossou, Lexington, Kentucky

Library of Congress Cataloging-in-Publication Data

Kinghorn, Kenneth C.
 [New Testament gifts of the Holy Spirit. French]
 Les dons du Saint-Esprit dans le Nouveau testament : suivi d'un inventaire personnel pouvant aider a la decouverte de tes dons spirituels / Kenneth Cain Kinghorn. -- Ed. en langue francaise.
   p. cm.
 ISBN 978-1-60947-028-9 (alk. paper)
 1. Gifts, Spiritual. 2. Gifts, Spiritual--Biblical teaching. I. Title.
BT767.3.K5714 2013
234'.13--dc23   2012013695

Sauf mention contraire, les citations bibliques sont extraites de la Bible Segond, éd. Genève 1979. Utilisés avec permission. Tous droits réservés.

La Pochette (Colombe) par Richard Douglas

Table des Matières

Avant-Propos du Traducteur / 5

Préface de l'Edition Française / 7

Chapitre 1   Oser Rêver / 9
1 Manque de Connaissance
2 Négligence des Lois et des Commandement de Dieu
3 Une Vie Disciplinée

Chapitre 2   Dissiper la Brume / 19

Chapitre 3   Détecter les Trésors / 27
1 Prophétie
2 Enseignement
3 Servir
4 Exhortation
5 Libéralité
6 Aider/Présider
7 Compassion
8 Guérison
9 Œuvres de Miracle
10 Les Langues
11 Interprétation des Langues
12 Parole de Sagesse
13 Parole de Connaissance
14 Foi
15 Discernement des Esprits
16 Apostolat
17 Secourir

18 Administration
19 Évangélisation
20 Berger/Paitre les Brebis

Chapitre 4   Discerner les Distinctions / 65
1 Si les Dons Spirituels Sont les Mêmes que le Fruit de l'Esprit
2 Si les Dons Spirituels Sont les Mêmes que les Talents Humains ou les Compétences Développées
3 Si les Traits de Personnalité, les Grâces Spéciales, Les Positions Ecclésiastiques et les Ministères Religieux sont des Dons Spirituels

Chapitre 5   Diriger le Point de Concentration / 73
1 Tous les Chrétiens ont des Dons Spirituels
2 Dieu Nous Donne les Dons Spirituels Sans Notre Mérite Humain
3 Dieu Donne et Distribue ces Dons Selon sa Parfaite Volonté
4 Dieu Donne des Dons pour le Ministère et pour le Service
5 Chaque Don est Important
6 Dieu Nous Tient Responsable pour Découvrir et Utiliser Nos Dons Spirituels
7 Le Fruit de l'Esprit, Particulièrement l'Amour, Doit Réguler les Dons Spirituels

Chapitre 6   Découvrir le Prix / 87
1 Un plan d'Action pour les Chercheurs Sérieux
2 Un Inventaire Servant comme Aide pour Découvrir tes Dons
3 Un Inventaire des Dons Spirituels
4 Fiche de Résumé de l'Inventaire des Dons Spirituels
5 Identifier Mes Dons Spirituels

Au Sujet de l'Auteur / 107

Au Sujet du Traducteur / 108

Avant-Propos du Traducteur

Traduire ce livre a été un plaisir et m'a rappelé des récits de mes propres expériences dans le ministère dont voici un. En 2009 un archevêque de l'Église Méthodiste du Nigeria s'était référé à moi dans une lettre par le titre « Rév. Dr. » Bien qu'il soit compréhensible que je porte le titre de 'Dr.' de par ma formation dont il était au courant, je ne lui avais pas dit que mon Église m'ait déjà consacré pasteur, ce qui pourrait justifier l'usage du titre 'Révérend.' Cependant cet archevêque avait entendu les témoignages sur ce que je fais au sein de mon Église, certaines expériences dans le ministère, et les relations plus ou moins cordiales que j'entretiens avec certains hauts dirigeants parmi le clergé de mon église. Il en avait déduit que je devrais être un 'pasteur consacré' aussi. C'est dire que la vie de l'église est structurée de sorte que certaines activités sont directement associées avec le port de titres comme 'Rév.'

Le présent livre est écrit par un enseignant-pasteur consacré. Donc bien qu'un Révérend, il fait la part des choses entre les ministères officiellement reconnus par une église instituée et ne se dérobe par du devoir de parler librement de la Bonne Nouvelle concernant les dons spirituels. Lesdits dons peuvent opérer dans chaque Chrétien qui, de concert avec d'autres membres de l'église, sert le Seigneur d'amour et de gloire pour le bien de l'église et du monde présent. Beaucoup de dénominations Chrétiennes Africains, même parmi celles qui s'estiment non attachées aux églises historiques et contemporaines liées à des missions occidentales, tombent dans l'erreur de la professionnalisation ou de la spiritualisation exagérée du ministère. En faisant ainsi, elles rendent plus de 90% du reste du corps de Christ inactif, inefficace, immobile et transforment ainsi la majorité en un grand groupe de con sommateurs des biens spirituels servis par les professionnels spirituels. D'autres églises qui enseignent sur les dons spirituels le font avec des erreurs et des confusions dommageables.

En lisant ce livre, le lecteur se verra devant le défi de voir l'Église du Seigneur différemment. Si « la création attend avec un ardent désir la révélation des fils de Dieu » espérant « qu'elle aussi sera affranchie de la servitude de la corruption, pour avoir part à la liberté de la gloire des enfants de Dieu » (Rom. 8:19-21), il est inconcevable que l'apôtre Paul ait pensé que ce soit quelques membres de l'église qui, s'étant professionnalisés, se chargent seuls du ministère Chrétien qui devrait participer à transformer la création entière. Par contre il a enseigné au sujet des dons spirituels et a vivement souhaité que *tous les membres du corps*, en tant qu'agents de guérison de la création, utilisent ces dons. Puisse l'Esprit du Seigneur qui distribue les dons à chacun vous visiter alors que vous croissiez dans le ministère à travers ce livre.

S. Mathieu Gnonhossou
Période de Carême, 2013

Préface de l'Édition Française

Le *Center for the Study of Global Christianity* [Centre pour l'Étude du Christianisme Global] estime qu'à partir de l'an 2050 de nombreux Ouest Africains Francophones deviendront des disciples de Jésus et que le Christianisme sera la foi dominante dans cette partie du continent. Alors que le nombre de nouveaux Chrétiens en Afrique de l'Ouest continue de grandir, il est important pour les apprentis de Christ d'avoir une compréhension claire et juste des dons du Saint-Esprit.

Dieu a équipé chaque Chrétien avec des dons spirituels (1 Cor. 12 :7). Le but de ces dons est d'habiliter, de croître, et de bénir le Corps de Christ (Eph. 4:8–13). L'apôtre Pierre a dit que les Chrétiens constituent "une race élue, un sacerdoce royal, une nation sainte, un peuple acquis, afin que vous annonciez les vertus de celui qui vous a appelés des ténèbres à son admirable lumière" (1 Pie. 2:9). Ce même apôtre a aussi dit que tous les Chrétiens devraient utiliser leurs dons spirituels pour servir les autres, en administrant fidèlement la grâce de Dieu dans ces formes variées (1 Pet. 4:10).

Certains Chrétiens, cependant, ont négligé les dons spirituels. D'autres Chrétiens, bien que les ayant pris au sérieux, ont besoin de mieux les comprendre. Les dons du Saint-Esprit transcendent les simples talents humains. Effectivement, ce sont des habilitations surnaturelles pour le ministère et le service. Une juste compréhension et utilisation appropriée de ces dons peuvent ouvrir le chemin aux Chrétiens de vivre de manière plus productrice et de servir au-delà de leurs habiletés naturelles. Le but de ce livre est d'identifier les dons du Saint-Esprit dans

8 Avant-Propos du Traducteur

le Nouveau Testament, de les expliquer, de montrer comment ils fonctionnent et d'aider les Chrétiens à découvrir les dons que le Saint-Esprit leur a faits.

1

Oser Rêver

Nous avons besoin de la puissance de Dieu dans nos vies de même que les ordinateurs ont besoin du courant électrique ou de même que les engins-moteurs ont besoin de l'essence. Oui, Dieu nous a créés à son image et sa ressemblance, et notre capacité humaine est étonnante.[1] Cependant, Dieu ne nous a pas créés pour que nous vivions sans lui. Jésus nous a comparés à des branches sur une vigne. Il a dit, « Comme le sarment ne peut de lui-même porter du fruit, s'il ne demeure attaché au cep, ainsi vous ne le pouvez non plus, si vous ne demeurez en moi...car sans moi vous ne pouvez rien faire». [2] Malgré que les branches mêmes manquent de puissance pour produire quelque fruit, lorsqu'elles sont unies à la vigne, elles peuvent, cependant, bénir le monde. Il en est de même que nous, mais à la mesure que la puissance de Dieu coule à travers nos vies. Comparés à Dieu, nous sommes aussi ignorants que les lampadaires et aussi faibles que les bébés. Pour être efficaces, nous avons besoin de la puissance de Dieu.

L'un des moyens les plus importants à travers lesquels Dieu œuvre en nous est au travers des dons du Saint-Esprit. Les dons spirituels nous rendent capables de devenir et de faire plus que nous n'osons rêver. Sans l'œuvre de Dieu dans nos vies, nous avons une sagesse limitée et quelques habiletés. Sûrement que les talents naturels peuvent conduire à ces accomplissements remarquables à certains moments donnés. Qui peut nier le génie humain que nous trouvons dans les pyramides Égyptiens, dans l'*Encyclopedia Britannica*, dans les montres-horloges Suisses du 19ième siècle, et dans les voyages du NASA dans l'espace ? Ceux-ci et des milliers d'autres réalisations humaines s'exhibent comme des triomphes humaines impressives. Cependant, éventuellement tous nos succès terrestres périront sur la terre. Seules les œuvres de Dieu rendues capables par l'Esprit continueront dans l'éternité. Dieu a un plan divin pour chacun de nous qui inclut des résultats et récompenses éternelles. Une grande partie de ce plan consiste à connaître et utiliser nos dons spirituels. Un jour chacun de nous rendra compte à Dieu de la gestion de ce qu'il nous a donné. Bien que nous ne gagnions pas le ciel par le moyen des bonnes œuvres, nous recevrons des récompenses éternelles pour les œuvres fidèlement accomplies. Les Écritures déclarent, « Car il nous faut tous comparaître devant le tribunal de Christ, afin que chacun reçoive selon le bien ou le mal qu'il aura fait, étant dans son corps ».[3] Immédiatement, à partir de maintenant même, il serait sage que nous amassions pour nous-mêmes « des trésors dans le ciel, où la teigne et la rouille ne détruisent point, et où les voleurs ne percent ni ne dérobent».[4] Jésus a promis qu'il viendra «dans la gloire de son Père, avec ses anges; et alors il rendra à chacun selon ses œuvres ».[5]

Si tous les apprentis de Christ découvraient leurs dons spirituels, les développaient, et les utilisaient, comme les Chrétiens le firent dans le Livre des Actes des Apôtres, ils pourraient « boulevers[er] le monde».[6] En vivant comme Dieu l'a voulu, nous éprouvons de la joie et un sentiment de satisfaction dans nos vies journalières. Jésus a promis de nous donner une vie pleine,[7] et les dons du Saint Esprit font partie de ce plan.[8] Dieu veut que nous abordions chaque nouvelle journée avec anticipation, espérance, et confiance que Dieu est en train d'œuvrer en nous et à travers nous pour produire des effets distincts qui dureront pour toujours.

Cependant, des milliers de Chrétiens demeurent ignorants concernant leurs dons spirituels. Ils n'ont pas encore puisé dans les trésors énormes que Dieu possède pour eux. La finalité de cette vie à moitié vide est que les gens ne peuvent que regretter leur passé. Ils devront réaliser qu'ils ont dépensé leur temps et énergie sur des choses ayant peu de valeur éternelle. Le disciplolât tiède fait que d'importantes œuvres Chrétiennes restent inachevées. Les Chrétiens à moitié remplis apparaissent faibles pour changer les innombrables maux qui couvrent la terre. Aujourd'hui, les observateurs soucieux de la culture moderne voient avec alarme l'avancée négligente du monde vers l'Armageddon. La faute ne réside pas dans le manque de pouvoir Divin pouvant rendre les serviteurs de Dieu capables de bouger le monde dans la bonne direction. Dieu nous dote de pouvoir et d'autorité impressionnants pour le ministère et pour le service. Cependant, les Chrétiens négligents ne parviennent pas à comprendre ou à utiliser les merveilleux dons de Dieu. Pour être franc, certains qui professent de suivre Christ lamentent, résistent, ignorent, et éteignent le Saint-Esprit.[9]

Les dons de Dieu ont trop de valeur pour être oubliés, négligés, ou gaspillés. St. Paul nous rappelle que les Chrétiens sont des temples du Saint-Esprit qui nous donnent la puissance de glorifier Dieu dans nos corps.[10] Pour utiliser une autre analogie de Jésus, certains Chrétiens ont permis à la terre superficielle et les mauvaises herbes d'étouffer la bonne semence de la Parole de Dieu dans leurs vies.[11] S'ils portaient du fruit dans le passé, leur zèle semble maintenant usé. La prescription biblique pour une vie paresseuse est de « ranimer le don de Dieu qui est en toi...Car ce n'est pas un esprit de timidité que Dieu nous a donné, mais un esprit de force, d'amour et de sagesse».[12]

Si quelqu'un projette bâtir une maison sur un espace vacant, il est nécessaire qu'il dégage les souches d'arbres, dégager les rochers, et dégager les paniers d'encombres. A des moments, les lieux de construction ont besoin de légers sarclages mais à d'autres moments aussi ils bénéficient de lourds rasages. Aussi, avant d'ériger une maison, il est nécessaire de mesurer exactement le lieu de construction, poser une fondation solide, et comprendre comment utiliser les instruments et les matériaux de construction. Si la construction d'une maison demande la connaissance et la planification, il en va de même de la construction d'une vie.

Au moins trois obstacles peuvent empêcher notre découverte et l'usage des dons spirituels que Dieu nous a donnés. Voyons ces obstacles qui ne sont que des voleurs de joie, tueurs de fruits, et provocateurs de regrets. Nous pouvons dégager les lieux, nous accaparer de la vision de quelque chose de meilleur, et oser rêver d'une vie satisfaisante et porteuse de fruits.

1. Manque de Connaissance

La première souche que nous avons souvent besoin de dégager est l'ignorance et le manque de compréhension. Une légende ancienne parle du récit d'un mendiant affamé qui a vu une caravane conduite par un riche commerçant du riz. L'affamé mendiant demanda du riz au riche commerçant : « Je dois avoir du riz ou bien je mourrai, de même que ma famille, » gémissait le quémandeur affamé. Épris de pitié, le commerçant du riz demanda, « De combien as-tu besoin ? Je te donnerai tout le riz dont tu as besoin pour toi et pour ta famille ». Le mendiant demanda 100 grains de riz que le bienfaiteur généreux lui remettra courageusement. Après que la caravane du commerçant partit, les amis du mendiant lui dirent, « Pourquoi as-tu demandé seulement 100 grains ? C'est incroyable pour nous que tu aies demandé une aussi petite quantité de riz! L'homme s'était porté volontiers à te donner tout le riz que tu lui aurais demandé. Le mendiant surpris répondit, « Dites-moi, y a-t-il un nombre plus élevé que cent ? »

Nombres de Chrétiens semble être non-informés de la vastitude du pouvoir, du plan et des provisions de Dieu. Leur ignorance des dons spirituels les bloque d'expérimenter et d'utiliser ces bénéfices inestimables. Si quelqu'un, se trouvant dans une jungle éloignée, ne connaît pas le sens de l'alphabet, cette personne ne peut pas imaginer l'existence des livres, les délices de la lecture, et l'excitation qui se trouvent dans la découverte de nouvelles connaissances. Si nous ne connaissons rien au sujet des dons spirituels, alors nous souffrons d'un grand handicap. C'est à juste titre que St. Paul écrit, « Pour ce qui concerne les dons spirituels, je ne veux pas, frères, que vous soyez dans l'ignorance...Il y a diversité de dons, mais le même Esprit; diversité de ministères, mais le même Seigneur; diversité d'opérations, mais le même Dieu qui opère tout en tous ».[13]

S'il est possible d'être ignorant de nos talents naturels, nous pouvons aussi être ignorants de nos dons spirituels. Les gens peuvent avoir des talents pour la menuiserie, l'horticulture, la poésie, la mécanique, l'aménagement du paysage, l'art, ou la musique. Cependant, ils demeurent souvent ignorant du fait que ces habiletés prometteuses existent en eux mais dormantes. Les personnes talentueuses peuvent ne jamais s'imaginer en train de construire une maison, de développer un jardin, d'écrire un poème, de créer avec leurs mains, de peinturer une photo, ou d'apprendre à chanter ou à jouer un instrument de musique. Elles vivent leur vie sans découvrir la beauté qu'elles pourraient créer, les bénéfices qu'elles pourraient donner, et la joie qu'elles pourraient expérimenter. Si ce fait est vrai dans le domaine naturel, il est aussi vrai dans le domaine spirituel.

Si un entrepreneur était ignorant de l'électricité, il ne saurait pas les possibilités de sa puissance. Il ne penserait probablement pas au-delà de ses équipements manuels. Si un boulanger ne savait rien du levain ou du sel, son habileté à faire du pain souffrirait sérieusement. St. Paul a dit que plusieurs « ont l'intelligence obscurcie, ils sont étrangers à la vie de Dieu, à cause de l'ignorance qui est en eux ».[14] Plusieurs personnes savent très peu concernant les dons spirituels, et leur manque de connaissance les empêche d'expérimenter les dotations merveilleuses du Saint-Esprit. Le manque de connaissance s'installe comme un brouillard épais qui obscurcit notre vision.

Heureusement, nous n'avons pas besoin de vivre dans l'ignorance. Le livre des Proverbes fait écho d'une des promesses les plus émouvantes de Dieu : « Si tu appelles la sagesse, Et si tu élèves ta voix vers l'intelligence, Si tu la cherches comme l'argent, Si tu la poursuis comme un trésor, Alors tu comprendras...Et tu trouveras la connaissance de Dieu. Car l'Éternel donne la sagesse; De sa bouche sortent la connaissance et l'intelligence ».[15] Jésus a dit que si nous éprouvons une faim sincère de la vérité spirituelle il nous la donnera.[16] À chaque instant dans la Bible, lorsque quelqu'un demande de l'intelligence à Dieu, il la donne. Notre créateur divin se plaît à se révéler lui-même, sa vérité, et ses dons. Il n'est pas éloigné, et notre recherche de lui nous conduit toujours à le retrouver.

Jésus a promis, « Demandez, et l'on vous donnera; cherchez, et vous trouverez; frappez, et l'on vous ouvrira. Car quiconque demande reçoit, celui qui cherche trouve, et l'on ouvre à celui qui frappe ».[17] Jésus nous rassure que lorsque nous connaissons la vérité, cette dernière nous rendra libre.[18] Comprendre et utiliser nos dons spirituels sont des aspects importants dans le processus de devenir ce que Dieu veut que nous soyons et que nous faisions. Avec l'aide de Dieu, nous pouvons passer de l'ignorance à la connaissance.

2. Négligence des Lois et des Commandements de Dieu

Un second obstacle empêchant notre progrès spirituel est la négligence volontaire de Dieu et de sa vérité. L'autodétermination est comparable à une souche d'arbre têtue qui empêche un constructeur de déverser la fondation. Jésus a prononcé de jugement sur ceux qui se ferment consciemment à la vérité et gaspillent leurs possessions.[19] Il a déclaré, « Et ce jugement c'est que, la lumière étant venue dans le monde, les hommes ont préféré les ténèbres à la lumière, parce que leurs œuvres étaient mauvaises ».[20]

Tout simplement, certaines personnes préfèrent les ténèbres à la lumière spirituelle parce qu'elles préfèrent leur propre chemin que celui de Dieu. Ceci était la plus grave erreur d'Adam et d'Ève. Se mettre à la première place était, et continue d'être, la racine de tout péché. L'autodétermination et la désobéissance avaient brisé la communion qu'avaient Adam et Ève avec Dieu, et le virus de la corruption spirituelle s'est frayé un chemin dans le monde nouvellement créé par Dieu. Parce qu'ils étaient devenus peureux, le couple misérable «se cachèrent loin de la présence de Dieu».[21]

Nous ne pouvons pas construire une maison si nous ignorons ou déshonorons les lois de la physique, de la chimie, ou de la mathématique. Il serait fou pour un entrepreneur d'espérer que le gasoil fonctionne dans un tracteur diesel, que le sucre attache le ciment, ou que des maisons sans fondations se retrouvent dans un marécage. Il est tout de même imprudent de croire que nous pouvons accomplir les desseins de Dieu pour nos vies si nous ignorons consciemment ses lois et ses promesses. St. Paul a écrit concernant ceux qui avaient « l'intelligence obscurcie... à cause de l'ignorance qui est en eux, à cause de l'endurcissement de leur cœur».[22] Saint Augustin (354-430) a dit, « Le péché consiste en l'usage de notre énergie dans la mauvaise direction ».

Jésus a annoncé, « Je suis la lumière du monde; celui qui me suit ne marchera pas dans les ténèbres, mais il aura la lumière de la vie ».[23] Jésus a aussi enseigné un principe durable : « Mais quiconque entend ces paroles que je dis, et ne les met pas en pratique, sera semblable à un homme insensé qui a bâti sa maison sur le sable ».[24] Nous gaspillons une vie épanouissante et des récompenses éternelles lorsque nous désobéissons consciemment à Dieu en ignorant délibérément sa volonté. Notre créateur nous a fait pour quelque chose de meilleure que de nous placer au premier rang. Ayons les rêves de Dieu.

3. Une Vie Indisciplinée

Un troisième obstacle au progrès spirituel est la paresse. Des habitudes paresseuses affluent comme des ronces et des épines qui empêchent la construction d'une maison. Le livre de l'Ecclésiaste dit, « Quand les mains sont paresseuses, la charpente s'affaisse; et quand les mains sont lâches, la maison a des gouttières ».[25] Ceux qui construiraient une maison devront quitter le lit, éteindre la télévision, et commencer par travailler. Ils doivent se présenter régulièrement sur leur chantier, garder leurs matériaux de travail dans de bonnes conditions, suivre les empreintes, et s'adonner à un travail de bonne qualité. Ceux qui s'adonnent aux distractions permettent à leurs instruments de rouiller. Ou bien, ceux qui travaillent négligemment ne peuvent pas espérer construire une bonne maison.

Les chrétiens aussi doivent se discipliner dans l'usage fidèle de leurs dons spirituels. St. Paul a encouragé Timothée à cet effet, « Efforce-toi de te présenter devant Dieu comme un homme éprouvé, un ouvrier qui n'a point à rougir, qui dispense droitement la parole de la vérité ».[26] Abandonnés sans être utilisés, nos dons spirituels sommeillent. Si nous devrions stocker un gland dans un bocal en verre, le gland ne peut pas se transformer en un chêne. Le gland a toute la potentialité d'accomplir ses promesses, mais à moins qu'il trouve sa maison dans la bonne terre de Dieu, il ne germe jamais.

Peu importe tes dons spirituels, ils prospèreront lorsque tu les découvres et les utilises. L'auteur du livre des Hébreux nous encourage : « Ainsi vous ne vous relâcherez pas, mais vous imiterez ceux qui, par leur foi et leur attente patiente, reçoivent l'héritage promis ».[27]

La paresse est facile—c'est pourquoi elle est très commune. Cependant, très peu de poursuites apportent plus de satisfaction qu'une vie disciplinée. En l'an 431 Avant J.-C. le philosophe Euripide a dit, « Ne considère pas douloureux ce qui est bon pour toi ». En discutant les dons spirituels, Pierre a déclaré, « Comme de bons dispensateurs des diverses grâces de Dieu, que chacun de vous mette au service des autres le don qu'il a reçu ».[28] L'Écriture enseigne clairement, « Ce qu'on demande des dispensateurs, c'est que chacun soit trouvé fidèle ».[29] Les économes fidèles sont des constructeurs réussis.

Le poète Henry Wadsworth Longfellow (1807-1882) nous rappelle,

La vie est réelle! La vie est sérieuse ;
Et le tombeau n'est pas son but ;
«Tu es poussière, à la poussière tu retournes,»
N'a pas été adressée à l'âme.[30]

Nous sommes des citoyens de l'éternité, et les enjeux sont trop élevés pour que nous nous satisfaisions avec quoique ce soit qui soit moins que le meilleur que Dieu désire. Son plan pour nous consiste, entre autres, à tirer le meilleur de nos dons spirituels.

Pour nous guider dans son chemin, Dieu nous aide à vaincre les pièges de l'ignorance, de l'ignorance consciente, et de l'indiscipline. L'Écriture nous invite à embrasser la sagesse, l'énergie, et les desseins de Dieu. Son plan est bon, et il conduit dans un futur plus raffiné que les rêves.

Notes

[1] Gen.1: 27-28.
[2] Voir Jean 15:4-7.
[3] 2 Cor. 5: 10.
[4] Matt. 6: 20.
[5] Matt. 16: 27.

6 Actes 17: 6.
7 Jean 10: 10.
8 Héb. 2: 4 ; 1 Pet. 4 :10.
9 Eph. 4: 30; 1Thess. 5:19.
10 1 Cor. 6: 19-20.
11 Matt. 13: 24-30.
12 1 Tim. 1: 6-7.
13 1 Cor. 12: 1.
14 Eph. 4:17-18
15 Prov.2: 3-6
16 Jean 7:17
17 Matt.7:7-8
18 Jean 8: 32.
19 Luc 12: 48.
20 Jean 3: 19.
21 Gen. 3: 8.
22 Eph. 4:18.
23 Jean 8 :12
24 Matt. 7:24
25 Eccles. 10 :18
26 2 Tim. 2 :15
27 Héb. 6 :12, Le Semeur.
28 1 Pie.4:10.
29 1 Cor.4:1-2
30 Henry Wadsworth Longfellow, « A Psalm of Life, » *The Complete Poetical Works of Henry Wadsworth Longfellow* (Boston and New York: Houghton, Mifflin & Company, 1902), p.3.

2

Dissiper la Brume

Le Nouveau Testament ne définit pas les dons spirituels à la manière des entrées de dictionnaires. Pour cette raison la Bible ne contient pas des thèses formelles sur d'autres doctrines très importantes comme la Trinité, le baptême, l'expiation, et la sanctification. Cependant, l'Écriture enseigne clairement ces sujets et nous donne des informations satisfaisantes les concernant. Tout simplement, la Bible n'est pas un livre de catéchisme ou un traité doctrinal. Plutôt, elle relate le récit des actes de Dieu, concluant avec l'arrivée de Jésus et son œuvre rédemptrice.

Même si l'Écriture ne contient pas une thèse académique sur les dons spirituels, elle révèle assez les concernant. Le Nouveau Testament énumère les dons spirituels et les montre dans leurs contextes historiques. Le livre des Actes des Apôtres par exemple regorge d'exemples de personnes utilisant leurs dons spirituels. De même, les apôtres Paul, Pierre, et autres écrivains du Nouveau Testament révèlent d'importantes informations sur le sujet.

Le mot du Nouveau Testament le plus utilisé pour 'don spirituel' est *charisma*. La forme plurielle du mot est *ta*.[1] *Charisma* vient du mot grec *charis*, qui veut dire 'grâce,' 'bonne volonté,' 'faveur,' ou 'bonté.' Donc un don particulier est une faveur ou un bénéfice que l'on reçoit indépendamment du mérite humain—'un don de grâce,' ou un 'don-grâce.' Les dons spirituels sont des habiletés venant de Dieu que le Saint-Esprit confère aux Chrétiens pour qu'ils servent Christ et les autres. Ces *charismata* rendent les Chrétiens capables de servir de manières extraordinaires, au-delà de leurs habiletés naturelles et au-delà de leurs talents humains.

Nous pouvons mieux comprendre les dons spirituels en maîtrisant trois principes :

- Les dons viennent du Saint-Esprit—pas de l'Église, de notre pasteur, de notre détermination personnelle.

Un seul et même Esprit opère tous ces [dons spirituels], les distribuant à chacun en particulier comme il veut.[2]

- Les dons spirituels sont des habiletés divines qui nous rendent capables d'accomplir au-delà de ce que nos habiletés naturelles peuvent permettre.

Mais vous recevrez une puissance, le Saint Esprit survenant sur vous, et vous serez mes témoins...[3]

- Les dons spirituels entrainent des responsabilités pour lesquelles Dieu espère que nous soyons fidèles.

Ainsi chacun de nous rendra compte à Dieu pour lui-même.[4]

Le Nouveau Testament établit un catalogue de vingt dons spirituels, et St. Paul en rend compte à travers quatre listes. Les Chrétiens disputent des fois si cette liste des dons du Nouveau Testament est complète, ou bien si elle suggère d'autres. Pouvons-nous, ou devrions-nous, ajouter d'autres dons spirituels à cette liste?

Il peut avoir des dons du Saint-Esprit autres que ceux énumérés dans le Nouveau Testament, mais les écrivains du Nouveau Testament ne les énumèrent pas. Il est vrai que les Écritures parlent des actions comme l'hospitalité, la louange, et la défense de la foi contre les faux enseignants. Ces bonnes œuvres, cependant, ne sont pas des dons spirituels—elles sont des *ministères* qui dépendent des dons spirituels.

Le Nouveau Testament parle aussi du Martyr, le célibat permanent, la souffrance, et la persécution. Ces états d'être ne méritent cependant pas d'être qualifiés de dons spirituels, bien qu'ils demandent des grâces spirituelles spéciales pour affronter les défis et les opportunités que nous rencontrons.

St. Paul écrit à propos des dons spirituels dans 1 Corinthiens :

Il y a diversité de dons, mais le même Esprit;
Diversité de ministères, mais le même Seigneur;
Diversité d'opérations, mais le même Dieu qui opère tout en tous.[5]

Notez que l'Apôtre utilise trois noms—variétés des **dons**, variétés des **ministères**, et variété d'**opérations**. Nous pouvons inférer que les *dons* découlent des *ministères*, conduisant ainsi a des *effets* (ou résultats).

Nous ne devrions pas *ajouter* les dons spirituels à la liste du Nouveau Testament sans une justification biblique nous permettant d'agir ainsi. De même, nous ne devrions pas *supprimer* les dons spirituels que le Nouveau Testament énumère clairement. La fidélité au Nouveau Testament est essentielle si nous souhaitons éviter un travail imaginatif ou spéculatif. La Bible demeure toujours notre source finale pour la vérité religieuse.

Pendant des siècles le peuple de Dieu a confessé que la Parole de Dieu est une « lampe à nos pieds » et une « lumière sur nos sentiers ».[6] Les Chrétiens prient, « La révélation de tes paroles éclaire, Elle donne de l'intelligence aux simples ».[7] Luc a écrit concernant les Chrétiens de Bérée : « Ces Juifs avaient des sentiments plus nobles que ceux de Thessalonique; ils reçurent la parole avec beaucoup d'empressement, et ils examinaient chaque jour les Écritures, pour voir si ce qu'on leur disait était exact. Plusieurs d'entre eux crurent... ».[8] Ainsi nos jugements doivent ultimement s'accorder avec les Écritures.

St. Paul a écrit aux Chrétiens Corinthiens du premier siècle, citant la révélation de Dieu dans le Livre d'Ésaïe : « Je détruirai la sagesse des sages, Et j'anéantirai l'intelligence des intelligents ».[9] Il continua, « Et nous en parlons, non avec des discours qu'enseigne la sagesse humaine, mais avec ceux qu'enseigne l'Esprit, employant un langage spirituel pour les choses spirituelles ».[10] John Wesley a déclaré : « Je suis un fanatique de la Bible. Je m'efforce de la suivre en toutes choses, grande ou petite ».[11] La révérence de Wesley à l'endroit de la Bible fait écho à tout crédo Protestant qui contient chacun des articles affirmant l'autorité finale de l'Écriture.

Nous pouvons identifier avec confiance 20 dons spirituels, parce que le Nouveau Testament les a nommément énumérés. Ces dons couvrent tous les aspects de services Chrétiens. Si nous concentrions notre étude sur ces dons spirituels, nous nous retrouverons sur un terrain biblique solide.

L'Apôtre Pierre aussi a discuté les dons spirituels, mais il ne nous donne pas des listes, comme le fait Paul. Pierre nous encourage à glorifier Dieu en utilisant fidèlement les dons spirituels que Dieu nous donne. Il a écrit:

> Comme de bons dispensateurs des diverses grâces de Dieu, que chacun de vous mette au service des autres le don qu'il a reçu. Si quelqu'un parle, que ce soit comme annonçant les oracles de Dieu; si quelqu'un remplit un ministère, qu'il le remplisse selon la force que Dieu communique, afin qu'en toutes choses Dieu soit glorifié par Jésus Christ.[12]

Romains 12 :6-8	1 Cor. 12 :4-11	1Cor. 12 :28-30	Éphésiens 4 :11
Prophétie	Prophétie	Prophétie	Prophétie
Enseignement		Enseignement	Enseignement
Service			
Exhortation			
Libéralité			
Aide/Présidence			
Compassion			
	Guérison	Guérison	
	Opération de Miracles	Opération de Miracles	
	Langues	Langues	
	Interprétation des langues	Interprétation des langues	
	Parole de Sagesse		
	Parole de Connaissance		
	Foi		
	Discernement		
		Apostolat	Apostolat

			Secours	
			Administration	
				Évangélisation
				Pastorat

Au lieu de cataloguer les dons spirituels, Pierre a choisi d'écrire au sujet de deux *catégories* de dons—dons *vocaux* (ou expressif) et dons *d'action*. Certains dons vocaux—comme l'enseignement—utilisent les paroles. Les dons pratiques—comme l'administration—impliquent l'action. Bien-sûr l'enseignant doit servir, et l'administrateur devrait parler. Cependant, comme Pierre le suggère, certains dons impliquent surtout l'usage des paroles et d'autres dons impliquent surtout les actions.

Le Livre des Hébreux aussi aborde les dons spirituels, mais encore sans les lister spécifiquement, comme le fait St. Paul. L'auteur du livre des Hébreux parle des dons spirituels comme faisant partie des preuves que Dieu est actif dans le monde : « Dieu appuyant leur témoignage par des signes, des prodiges, et divers miracles, et par les dons du Saint Esprit distribués selon sa volonté ».[13] Quels que soient les dons que Dieu nous a donnés, en les utilisant, « Dieu est glorifié en toutes choses à travers Jésus Christ ».

La charte ci-dessous contient les dons spirituels énumérés dans les quatre principaux passages Pauliniens du Nouveau Testament parlant de ce sujet. Il y a encore d'autres passages dans la Bible qui font référence aux dons spirituels, mais dans chaque cas, ils parlent des dons énumérés dans la charte suivante :

Le chapitre suivant définit en détail chacun des vingt dons du Saint-Esprit retrouvés dans le Nouveau Testament. Alors que tu étudies ces dons spirituels, tu comprendras mieux la variété des *charismata* que Dieu a donnés à l'Église pour notre bien commun.

Même si tu n'as pas certains dons au sujet desquels tu liras, tu peux quand même approfondir la qualité de ta vie en les comprenant. Par exemple, tu peux avoir le don de libéralité, de compassion, d'enseignement, ou d'administration. Cependant, en étudiant ces dons tu peux ramener les qualités de générosité, de soins, de partage, et de courage dans ta vie. Dieu peut approfondir et élargir ta vie avec certaines des qualités des dons que tu ne possèdes pas. De plus, tu seras mieux équipé(e) à reconnaître les dons chez les autres et les encourager dans leurs ministères.

Tu trouveras aussi qu'un ou plusieurs des dons spirituels résonneront avec toi profondément. Le Saint-Esprit est entrain de t'aider à découvrir le don ou les dons qu'il t'a donnés. Sois attentif à ta voix intérieure. Le Saint-Esprit est probablement entrain de te parler et de t'aider à identifier ton don ou tes dons spirituel(s). Dieu a pris soin de toi depuis ta naissance, et il veut te montrer les c*harismata* qu'il t'a donnés.

Un poète inconnu a écrit ces lignes encourageantes:

> Quiconque se rapproche de Dieu, un pas
> À travers des doutes sombres
> Dieu l'aidera à aller de l'avant
> Dans une lumière flamboyante vers lui.[14]

Le Saint-Esprit illumine notre compréhension de l'Écriture. Alors que sa vérité prend racine dans nos vies, nous trouvons que Dieu est en train de nous guider dans la lumière flamboyante d'un lendemain plus radieux que le sommeil du midi.

Notes

[1] Rom. 12:6; 1Cor. 1:7; 12:4, 9, 28, 30, 31; 1 Tim. 4:14; 2 Tim. 1:6; 1 Pie. 4:10.
[2] 1Cor. 12: 11.
[3] Actes 1:8.
[4] 2Cor. 5:10.
[5] 1Cor. 12:4-6.
[6] Psa. 119:105.
[7] Psa. 119:130.
[8] Actes 17:11-12.
[9] 1Cor. 1:19, dans lequel St. Paul fait référence à Esaïe 29 :14.
[10] 1Cor. 2:13.
[11] John Wesley's *Journal*, June 2, 1766.
[12] 1Pie. 4:10-11
[13] Héb. 2:4

[14] Ce poème rime bien en Anglais, mais pas nécessairement en Français.

> Who so draws near to God, one step
> Through doubtings dim,
> God will advance a mile
> In blazing light to him.

3
Détecter les Trésors

Pour définir les dons spirituels, nous ne nous reposerons pas entièrement sur les définitions contemporaines des mots. Nos dictionnaires ne reflètent pas les définitions scripturaires et théologiques des mots. L'étude de certains thèmes bibliques demande une bonne méthode. Ce chapitre se base sur quatre principes d'interprétation biblique :

- Le sens des mots originels du Nouveau Testament utilisé pour les dons spirituels.

- L'usage des dons spirituels dans l'église du Nouveau Testament.

- L'éclairage des meilleurs penseurs dans la tradition chrétienne.

- Le raisonnement et les expériences des chrétiens remplis du Saint-Esprit

Ce chapitre définit *charismata* basé sur ces principes classiques Chrétiens de la vérité. Nous définirons les dons spirituels dans l'ordre dans lequel ils apparaissent à la page 23.

1. La Prophétie

Appliquer la révélation biblique avec clarté et puissance comme lumière et vérité pour le présent.[1]

Le mot Grec *prophetia* veut dire « prononcer, » « parler ouvertement, » « annoncer, » ou bien « faire connaître ». Principalement, ce mot du Nouveau Testament se réfère à la proclamation de la pensée et du conseil du Seigneur. Les prophètes de l'Ancien Testament ont presque déclaré la promesse de Dieu, le but du salut et la venue future du Messie et de son royaume. La prophétie du Nouveau Testament se focalise sur Jésus comme pleinement Dieu. Paul a souligné cette vérité : « Je vous ai enseigné avant tout, comme je l'avais aussi reçu, que Christ est mort pour nos péchés, selon les Écritures; qu'il a été enseveli, et qu'il est ressuscité le troisième jour, selon les Écritures ».[2]

L'apôtre Pierre décrit ce don spirituel comme « déclarer les oracles de Dieu ». Le don de prophétie ne vient pas de source ou d'autorité humaine. Il vient de Dieu. Le prophète Jérémie a écrit : « Puis l'Éternel étendit sa main, et toucha ma bouche; et l'Éternel me dit: Voici, je mets mes paroles dans ta bouche ».[3]

De nos jours, le but majeur de ce don n'est pas de prédire, mais de déclarer—non pas de dire d'avance (prévenir), mais prononcer. Oui, le Nouveau Testament contient quelques instances de prévisions prophétiques. St. Paul, par exemple, a vu d'avance un naufrage dans lequel tout le monde devrait survivre.[4] Le don de prophétie, cependant, se réfère principalement à la déclaration des vérités de Dieu à des personnes et en des lieux spécifiques. Nous pouvons définir le don de prophétie comme rendant quelqu'un capable de comprendre la parole de Dieu et l'appliquer effectivement avec une profondeur et une puissance extraordinaires. Dieu utilise le don de prophétie pour enseigner, édifier, encourager, et consoler.[5]

Le Nouveau Testament avertit contre les faux prophètes (*pseudo prophètes*) qui viennent en vêtements de brebis, mais qui ne sont intérieurement que des « loups voraces ».[6] Jésus dit, « Plusieurs faux prophètes s'élèveront, et ils séduiront beaucoup de gens ».[7] Les Écritures parlent de trois sortes de prophètes : (1) Ceux qui servent des idoles et adorent des faux dieux. (2) Ceux qui affirment faussement avoir reçu des messages de Dieu. (3)

Ceux qui sont des prophètes du passé, qui ont abandonné Dieu, qui ne lui obéissent plus et ne le servent plus.

Nous pouvons connaître des faux prophètes à travers leurs mauvais fruits ou leur manque de bons fruits. Si un ministère ne glorifie pas Christ et détourne les gens de lui, ce ministère est faux. Certains de ces faux prophètes peuvent apparaître entrain de produire de grands signes et prodiges.[8] Parce que leur message flatte et donne des promesses creuses, ils jouissent des popularités temporaires. Cependant, le jugement de Dieu sur les faux prophètes est sévère.[9] L'apôtre Jean a averti : « Bien-aimés, n'ajoutez pas foi à tout esprit; mais éprouvez les esprits, pour savoir s'ils sont de Dieu, car plusieurs faux prophètes sont venus dans le monde ».[10] Nous devons examiner toutes les déclarations religieuses sur la base de la Bible.

L'apôtre Paul place le don de prophétie parmi les plus importants dons dans l'église.[11] Il urge ses convertis à ne pas « éteindre le Saint-Esprit, » à ne pas « mépriser la prophétie, » et de toujours « examiner les messages des prophètes, » et de « garder la parole prophétique en s'abstenant de toute forme de mal ».[12] À certains moments, le don de prophétie conduit quelqu'un à corriger l'église pour ramener cette dernière à sa propre nature et mission. Principalement, cependant, la prophétie déclare la bonne nouvelle de la parole de Dieu au monde d'aujourd'hui.

2. Enseignement

Comprendre la vérité de Dieu et la communiquer clairement afin que d'autres puissent cerner sa pertinence et son importance pour leurs vies.[13]

Le mot *didaskalia* du Nouveau Testament veut dire « enseignement», « instruction », « ce qui est enseigné », ou « doctrine ».[14] Le nom *didaskalos* veut dire « instructeur » ou « enseignant »-- « celui qui enseigne les vérités de Dieu et les devoirs du peuple ».[15] Le don d'enseignement est une habilité divine accordée pour expliquer et appliquer les vérités que Dieu a révélées dans les Écritures. Ce don spirituel rend capable de communiquer au-delà des informations factuelles. Dieu a équipé les enseignants à saisir et à effectivement partager l'essence et le cœur d'une doctrine Chrétienne ou d'un thème biblique.

Nous avons besoin des enseignants de la vérité de Dieu qui sont efficaces parce que les pourvoyeurs des mensonges de Satan nous bombardent de mensonges et de mauvais enseignements. Jésus a dit, «Celui donc qui supprimera l'un de ces plus petits commandements, et qui enseignera aux hommes à faire de même, sera appelé le plus petit dans le royaume des cieux; mais celui qui les observera, et qui enseignera à les observer, celui-là sera appelé grand dans le royaume des cieux».[16]

Un expert de grande réputation, spécialiste de l'histoire de l'Église a dit, « [Le] corps céleste de la vérité apostolique est confronté avec le fantôme de l'hérésie; comme étaient les miracles divins de Moïse avec les jongleries sataniques des Égyptiens... Plus la vérité se lève puissamment, plus l'esprit de fausseté devient actif. Là où Dieu bâtit une église le diable construit une chapelle à côté ».[17] Pierre nous avait averti, « Il y a eu parmi le peuple de faux prophètes, et il y aura de même parmi vous de faux docteurs, qui introduiront des sectes pernicieuses, et qui, reniant le maître qui les a rachetés, attireront sur eux une ruine soudaine ».[18] Les faux enseignants sont une abomination pour Dieu.[19]

Le don de l'enseignement ne se réfère pas au partage de l'opinion personnelle ou des intuitions intérieures. Il implique fidélité à la foi apostolique ancienne. Jésus a envoyé ses disciples enseigner tout ce qu'*il* leur a commandé.[20] La seconde lettre de l'apôtre Paul à Timothée a décrit ces faux prophètes qui ne fondent pas leurs enseignements sur la Parole de Dieu comme ceux qui sont «enflés d'orgueil, ne sachant rien» et possédant « la maladie des questions oiseuses et des disputes de mots ».[21]

Quand les gens deviennent des disciples de Jésus-Christ ils ont besoin d'instruction de la part des enseignants remplis de l'Esprit. Le don de l'enseignement est une habileté divine permettant de comprendre effectivement et de transmettre la parole de Dieu aux autres de sorte à avoir d'effets sur leur pensée, conduite, et leur vision du monde. Le but du don d'enseignement est de conduire les chrétiens à la maturité, la sainteté, et aux bonnes œuvres fructueuses.

Parce que le don authentique de l'enseignement demeure important pour le bien-être de l'Église, la Bible avertit, « Mes frères, qu'il n'y ait pas parmi vous un grand nombre de personnes qui se mettent à enseigner, car vous savez que nous serons jugés plus sévèrement ».[22] Les enseignants Chrétiens ne devraient jamais se reposer sur leurs propres forces. L'habileté à clarifier et à enseigner la vérité divine devient possible seulement à travers une activation divine du Saint-Esprit. Cependant, Dieu espère que les enseignants étudient et s'organisent pour leur ministère. Un proverbe américain dit, « manquer de se préparer, c'est se préparer à échouer ».

Si les prophètes nous appellent à l'action, les enseignants pourvoient des enseignements solides pour nous guider sur le chemin. Si les prophètes *prêchent* la parole de Dieu, les enseignants *expliquent* la parole de Dieu. Le Saint-Esprit donne à ceux qui possèdent ce don un intérêt passionnant à la vérité et un amour pour l'étude. Ils évitent les simples traditions humaines et enseignent le message de confiance de Dieu révélé dans la Bible.

Malheureusement, ceux qui enseignent de nos jours manquent le don spirituel de l'enseignement. Samuel Butler s'est plaint en ces termes : « les Dons [érudits] sont trop occupés à éduquer les jeunes hommes pour finir par leur enseigner de n'importe quoi ». Le Saint-Esprit donne aux enseignants l'habileté à communiquer effectivement les vérités spirituelles dans la vie des gens. Un tel enseignement pénètre les pensées et les cœurs des autres, et la vérité de Dieu illumine leur compréhension et transforme leurs vies.

3. Servir

Supporter les autres à travers les services inspirés par l'Esprit qui allègent leurs fardeaux et les rendent libre d'exercer d'autres ministères plus larges.[23]

Le Nouveau Testament utilise le mot *diakonia* pour parler de ceux qui servent avec amour, comme étant sous une commission divine d'agir ainsi. Les traducteurs à des moments rendent *diakonia* comme « ministère », « servir les autres », « service », et « aider les autres ». Le don de service remplit celui qui a le désire et l'habileté de comprendre et de servir les besoins journaliers de ceux que Dieu a appelé à des ministères publiques plus larges. Jésus a dit qu'il est venu sur la terre comme « celui qui sert ».[24]

Les diacres dans le Livre des Actes ont servi les Apôtres pour leur permettre de « continuer à s'appliquer à la prière et au ministère de la parole ».[25] Un poète anonyme a saisi l'esprit des Chrétiens qui possèdent le don de service :

Aucun service n'est petit en soi
Aucun grand qui pourtant remplit la terre
Mais il est petit qui cherche sa propre [volonté]
Et grand qui cherche la volonté de Dieu.[26]

Le mot 'diacre' possède un accent d'humilité et de courage à pourvoir aux besoins des autres. Ceux qui servent font plus que parler au sujet de servir les autres—ils le font simplement. Ce don spirituel rend celui qui le possède capable d'agir convenablement, au bon moment, de la bonne manière, avec la bonne attitude.

À la fin de ses lettres, Paul mentionne parfois les noms de ceux dont les services lui ont permis d'avoir un ministère plus large. Par exemple, il a parlé du bien qu'Onésiphore lui a fait en le servant : « il m'a souvent consolé, et il n'a pas eu honte de mes chaînes; au contraire, lorsqu'il est venu à Rome, il m'a cherché avec beaucoup d'empressement, et il m'a trouvé. Que le Seigneur lui donne d'obtenir miséricorde auprès du Seigneur en ce jour-là. Tu sais mieux que personne combien de services [*diakonia*] il m'a rendus ».[27] Paul a prié que son propre service [*diakonia*] serait « acceptable aux saints ».[28]

Ceux qui exercent ce don spirituel s'engagent volontairement dans un ministère de longue durée envers les gens, les organisations, et les causes qu'ils servent. Les chrétiens qui ont ce don ne les utilisent pas pour se promouvoir ou gagner la reconnaissance personnelle. Ils répondent aux besoins des autres sans attirer d'attention sur leur propre ministère de service. Ils reçoivent satisfaction et joie dans leur utile travail et trouvent satisfaction dans les mots de Jésus qui a dit, « Le plus grand parmi vous sera votre servant ».[29] Les récompenses des serviteurs seront grandes. Le Seigneur a promis que quand il reviendra il invitera ceux qui ont servi à une table et « se présentera lui-même en serviteur pour venir *les* servir».[30]

4. Exhortation

Conforter et encourager les autres en utilisant les ministères de compréhension sympathique et de conseil spirituels pour forger de bonnes attitudes et actions.[31]

Les traducteurs du mot *parakalon* du Nouveau Testament traduisent ce dernier comme « exhorter », « encourager », «supplier », ou « conforter ». Ce mot est le même mot utilisé pour décrire le Saint-Esprit : « Et moi, je prierai le Père, et il vous donnera un autre consolateur, afin qu'il demeure éternellement avec vous ».[32] Ce mot recouvre les idées comme « encouragement », « confort », « exhortation », « plaidoyer », « aider », et « enjoindre ».[33] Ce don équipe la personne la possédant à venir aux cotés (*para*) des autres pour les encourager et faire ressortir [*kaleo*] leur potentiel. Paul a écrit, « C'est pourquoi exhortez-vous réciproquement, et édifiez-vous les uns les autres ».[34]

L'exhortation biblique ne veut pas dire réprimander les gens au sujet de leurs faiblesses ou de leurs chutes. Au contraire, ceux qui encouragent aident les autres à avancer en les guidant et en les rehaussant. L'amour, la sympathie, et la compréhension infusent ceux qui encouragent avec le pouvoir d'inspirer les autres à croire dans un lendemain meilleur que Dieu à planifier pour eux. L'exhortation parfois interpelle au besoin de l'autre de changer une mauvaise habitude—pendant qu'elle cherche toujours à encourager et rehausser la personne à un niveau plus élevé.

Le prophète Jérémie a parlé de ceux qui encouragent comme ayant « la grâce dans le désert ».[35] Le Nouveau Testament a parlé de Barnabas comme un « enfant d'encouragement»[36] qui a personnifié le don spirituel d'exhortation. Il alla aux côtés de St Paul et l'encouragea, même pendant que les disciples de Jérusalem évitaient le grand Apôtre. De même, Barnabas a encouragé Jean Marc après qu'il ait abandonné l'équipe durant son premier voyage missionnaire. Le don de l'exhortation permet à celui qui le possède de sourire avec la tête et le cœur, tout en faisant sortir le meilleur de l'autre.

Timothée aussi était quelqu'un qui encourageait. St. Paul lui a écrit, « Je t'en conjure devant Dieu et devant Jésus Christ, qui doit juger les vivants et les morts, et au nom de son apparition et de son royaume, prêche la parole, insiste en toute occasion, favorable ou non, reprends, censure, exhorte, avec toute douceur et en instruisant ».[37] Les Chrétiens qui encouragent parlent directement, mais gentiment et avec espérance. Leur ministère d'exhortation atteint le but escompté efficacement, et ils aident les autres à élever leur vision, purifier leurs objectifs, et approfondir leurs engagements.

5. Libéralité

Suppléer les moyens matériels et financiers généreusement pour aider les autres et pour avancer l'œuvre de Dieu dans la vie des gens et dans les ministères de l'église. [38]

Le mot *metadidous* du Nouveau Testament veut dire « celui qui donne, prête, ou partage». Ce mot vient comme un verbe (*didomi*) qui peut signifier, 'produire un fruit,' 'venant d'une semence.' Des versions différentes du Nouveau Testament traduisent le mot comme « celui qui contribue, » « celui qui donne à une charité, » « celui qui donne librement, » et «l'aumône ». Les besoins pratiques d'autrui appellent à la propre distribution des biens matériels. Le don spirituel de la libéralité inspire et dote un ministère d'un partage sage. Les Chrétiens avec ce don de libéralité contribuent généreusement de leurs cœurs remplis d'amour et de charité. Ceux qui donnent de la part de Dieu ne partagent pas pour avoir la faveur de Dieu, ou pour corrompre Dieu, ou pour gagner des applaudissements humains. Ils donnent sur fond de leur réponse à tout ce qu'il [Dieu] a fait dans leurs vies. Ce sont des personnes qui investissent sagement dans l'éternité.

Ceux qui possèdent le don de libéralité ne donnent pas indistinctement, mais avec perspicacité et bon jugement. Une libéralité sans sagesse peut apporter plus de mal que de bénédictions. Les donneurs libéraux et courageux prient pour demander la sagesse de Dieu de leur permettre de partager sagement, sans intérêts égoïstes, et courageusement. Un poète anonyme a rédigé ces mots encourageants :

> Donne la force, donne la pensée, les bonnes œuvres, et
> donne la richesse ;
> Donne l'amour, donne les larmes, et donne-toi toi-même ;
> Donne, donne, sois toujours un donneur,
> Celui qui ne donne pas ne vit pas'
> Plus tu donnes, plus tu vis.[39]

Un don judicieux au bon moment devient une double bénédiction aux autres.

Les donneurs trouvent que quand ils donnent selon leur habileté, Dieu élargit leurs moyens en mesure de leur don. L'on n'a pas besoin d'être riche pour avoir le don de libéralité. Certains donnent joyeusement, même de leurs maigres ressources. Parfois Dieu accorde de valeur au « peu de la veuve » plus que les sommes énormes données dans un mauvais esprit ou bien pour une mauvaise cause.[40] Plus nous devenons généreux, plus Dieu nous rend capable de gagner afin que nous donnions davantage.

Dans son livre célèbre *The Pilgrim's Progress*, John Bunyan a écrit,

> Un homme il était, bien que certains le regardaient comme fou
> Plus il jetait plus il avait davantage.[41]

Les personnes généreuses savent la vérité que St. Paul a apprise de Jésus, vérité selon laquelle l'on trouve la bénédiction plus en donnant qu'en recevant.

6. Aider/Présider

Pourvoir au leadership de coordination des matériels et des habiletés des autres pour répondre aux besoins pratiques des personnes et des organisations.[42]

Le mot *proistamenos* du Nouveau Testament veut dire « diriger », « présider », « surveiller » ou bien « se tenir devant les autres comme un guide ». Les traducteurs de la Bible transcrivent ce mot comme « dirigeant », « protecteur », « champion », « patron », « celui qui gouverne », ou bien « celui qui se place au-devant ». Clairement, ce don se réfère au don de leadership.

Nous pouvons définir ce don comme 'diriger les autres en pourvoyant aux aides et support pratiques.'

Il est vrai qu'aucun Chrétien n'est au-dessus de l'autre, et que tous les chrétiens ont un plein accès à la grâce de Dieu. Cependant, Dieu délègue des positions d'autorité à certains. Le Nouveau Testament enseigne que nous devons respecter proprement les leaders désignés par Dieu.[43] La Bible parle de ceux qui « dirigent bien » comme devant être « considérés digne de double honneur », et nous devons valoriser ces leaders et respecter leurs paroles.[44] Paul a écrit, « Nous vous prions, frères, d'avoir de la considération pour ceux qui travaillent parmi vous, qui vous dirigent dans le Seigneur, et qui vous exhortent. Ayez pour eux beaucoup d'affection, à cause de leurs œuvres. Soyez en paix entre vous ».[45] Henry Ford a une fois avancé une blague, « La question 'qui doit diriger' ressemble à demander, 'qui devrait chanter ténor dans la chorale'? Évidemment, cela doit être l'homme qui peut chanter ténor ».

Les leaders oints par l'Esprit font des erreurs parfois, comme nous tous les faisons. Les vrais leaders admettent humblement leurs bévues et travaillent à les corriger et réparer leurs dommages. Malgré les faiblesses humaines, les dons spirituels de nos leaders peuvent les rehausser au-delà des limites de leurs habiletés naturelles. Leur tâche de leadership les appelle à guider les autres dans des ministères pratiques avec un esprit de sagesse, de zèle, et d'administration effective. Ce don a moins à faire avec la position ou le bureau et se présente plus comme une habileté et une intégrité personnelle ointe par l'Esprit. Les bons leaders demeurent indispensables dans la communauté Chrétienne.

7. Compassion

Discerner les besoins des autres, sentir de la sympathie, et courageusement montrer la miséricorde et donner du réconfort.[46]

Le verbe Grec *eleeo* veut dire « avoir miséricorde sur », « conforter », « sentir la sympathie avec », ou bien « apporter d'aide ». Dieu est « riche en miséricorde » à cause de son « grand amour avec lequel il nous a aimés ».[47] Dans une cour de justice une personne en procès cherche *eleos* de la part du juge, dans l'espoir d'obtenir la « miséricorde », « la gentillesse », et « la bonne volonté ». Le don spirituel de la compassion permet à la personne qui la possède de ressentir les blessures d'autrui, faire preuve d'empathie envers eux, et les aider à porter leur fardeau. Cette qualité est plus que pitié; c'est une compassion de cœur pour autrui en douleur physique et émotionnelle. Ce don spirituel comprend à la fois la compassion et la miséricorde. Ceux qui ont ce don servent avec la joie. St. Paul a écrit, « Que celui qui pratique la miséricorde le fasse avec joie».[48]

Dieu veut que nous tous agissions avec compassion envers les autres, bien sûr.[49] Cependant, ce don spirituel remplit une personne avec une compassion extraordinaire pour ceux qui souffrent. Le don de compassion permet à la personne la possédant de servir avec empathie les blessures d'autrui et de démontrer la miséricorde qui guérit, qui libère, et renouvelle. Ce don spirituel donne la compréhension divine qui rend possible le confort et la guérison de ceux qui ont des problèmes spirituel, émotionnel, et physique.

Les personnes handicapées et affaiblies bénéficient spécialement des Chrétiens qui ont le don de compassion. Ceux qui travaillent à l'hôpital, dans les maisons de soins aux personnes âgées, dans les orphelinats, et dans les centres de traitements des toxicomanes ont besoin de ce don du Saint-Esprit. Ces soignants de cœur apportent la miséricorde, la compréhension, et la sympathie à ceux qui ne sont pas capable de les récompenser. Ils prient dans l'esprit de la chanson 'gospel' suivante:

> Oh, d'être comme toi, plein de compassion,
> Aimant, pardonnant, tendre et gentil
> Aidant ceux qui sont sans aides, encourageant les faibles
> Cherchant le pêcheur perdu pour le trouver.
>
> Oh, d'être comme toi ! Oh, d'être comme toi,
> Rédempteur béni, pur comme tu es;
> Viens dans ta douceur, viens dans ta plénitude ;
> Estampille profondément ta propre image dans mon cœur.

Souvent, les gens ont besoin de plus que d'aides médicales ou financières. Plusieurs désirent la présence guérissante de quelqu'un qui peut sentir leur douleur et rehausser leur esprit. La compassion les aide à se libérer de leur angoisse mentale et émotionnelle. Ceux qui ont ce don spirituel se plaisent à démontrer sagement la miséricorde de Dieu envers les personnes souffrantes.

Le roi David a déclaré dans les Psaumes, «Mais la bonté de l'Éternel dure à jamais pour ceux qui le craignent, Et sa miséricorde pour les enfants de leurs enfants».[50] À travers la Bible, la miséricorde et la compassion marquent ceux qui aiment Dieu. Malheureusement, cependant, les disciples de Christ manquent parfois de la compassion. Dans sa nouvelle *Adam Bede* de 1859 George Eliot a remarqué amèrement, « Nous remettons les gens à la miséricorde de Dieu, et ne démontrons aucune nous-mêmes». La compassion sincère vient de Dieu, qui seul est la source de toute miséricorde. L'écrivain du 19ème siècle E. H. Chapin a écrit, « La miséricorde, parmi les vertus, est comme la lune parmi les étoiles—pas tellement brillant comme plusieurs, mais dispensant une radiance calme qui honore l'ensemble». Dans un siècle d'yeux secs, de têtes chaudes, de cœurs tièdes, et de pieds froids, le monde a besoin des services de miséricorde des Chrétiens compatissants.

8. Guérison
Prier des prières de foi qui apportent la guérison de Dieu au corps, âmes, et relations qui sont malades, fragiles, et désordonnés.[51]

Toute guérison a sa source en Dieu. Les guérisseurs ne guérissent pas—c'est Dieu qui guérit. Dans l'Ancien Testament Dieu a dit, « Je suis le Dieu qui te guérit».[52] En énumérant les dons spirituels, St. Paul utilise la phrase comme un double pluriel— « dons de guérisons». Cette construction grammaticale suggère que Dieu guérit plusieurs sortes de faiblesses incluant celles physique, mentale, spirituelle, et relationnelle. Jésus a opéré des miracles de guérison dans tous ces aspects, comme l'ont fait ses apôtres.

Un autre domaine de guérison a à faire avec des dommages intergénérationnels, hérités à travers les familles—comme l'alcoolisme, les loteries, la toxicomanie, et la confusion sexuelle. Le don de guérison ne dote pas celui qui le possède d'opérer la guérison de tout le monde, à tout moment, ou de toute maladie. Dieu dote de dons spécifiques de guérisons pour des temps et des besoins particuliers. Souvent, les dons de guérison vont de pair avec le don de la foi. Dieu utilise plusieurs méthodes de guérison physique pour nos corps.

(1) Parfois Dieu guérit instantanément. Le livre des Actes des Apôtres raconte le récit des amis qui transportaient un homme boiteux de naissance au temple en Jérusalem. L'ayant vu, Pierre « le prenant par la main droite, ...le fit lever. Au même instant, ses pieds et ses chevilles devinrent fermes ».[53] La guérison était instantanée.

(2) Dieu guérit souvent graduellement. Durant des périodes sérieuses d'épidémie, certaines personnes meurent. D'autres recouvrent leur santé progressivement et éventuellement retrouvent une pleine santé. Certaines guérisons sont progressives.

(3) Dieu utilise souvent la science médicale pour guérir les personnes malades. Les docteurs, les infirmiers et infirmières, et les 'médicaments miracles' sont des bénédictions de Dieu. La médecine et certaines opérations chirurgicales sauvent des vies innombrables.

(4) À d'autres moments, Dieu ne restaure pas nos corps à une pleine santé, mais il nous donne la grâce d'endurer les afflictions et vivre une vie victorieuse. Durant l'été de 1967, Joni Erickson s'est plongée dans les eaux peu profondes de Chesapeake Bay. Ayant cogné sa tête contre un rocher, elle rompît sa moelle épinière et devint une tétraplégique. La présente vie triomphante de Joni prouve que l'adéquation de Dieu peut nous rehausser au-delà des handicaps physiques. Dieu n'a non plus guérit l'apôtre Paul. Plutôt, Dieu lui a donné la grâce de vivre victorieusement avec son affliction physique.[54]

(5) Finalement, Dieu nous guérit toujours dans la résurrection à venir. Le livre de Révélation promet des corps ressuscités pour le peuple de Dieu : « [Dieu] essuiera toute larme de leurs yeux, et la mort ne sera plus, et il n'y aura plus ni deuil, ni cri, ni douleur, car les premières choses ont disparu ».[55]

Dieu a prolongé ses dons de guérison au-delà de la période du Nouveau Testament, et il continue [de manifester] ses dons aujourd'hui. Comme pour les autres dons du Saint-Esprit, les dons de guérison permettent aux Chrétiens de devenir des canaux de Dieu, à travers lesquels il distribue la grâce et la bénédiction aux personnes souffrantes. Nous devons nous souvenir que notre guérisseur est Dieu, non pas la personne à travers laquelle la guérison peut arriver.

9. Les Œuvres de Miracles

Avoir confiance en Dieu d'œuvrer de manière surnaturelle dans la vie des personnes et dans les circonstances, particulièrement à travers la guérison, la délivrance des mauvais esprits, et la délivrance des dangers.[56]

La phrase grecque *energematadunameon* se traduit par « celui qui active les puissances ». Ces deux mots forment nos mots anglais *energy* et *dynamite* [leurs correspondants Français étant 'énergie' et 'dynamite']. Les traducteurs traduisent la phrase en « pouvoir pour faire les miracles », « œuvres puissantes », « pouvoirs miraculeux », « œuvres de prodige », « l'usage des pouvoirs spirituels », et « le pouvoir des miracles ». Nous pouvons définir un miracle comme une œuvre que Dieu seul accomplir. Les miracles sont des œuvres surnaturelles que des agents naturels et moyens ordinaires ne peuvent dupliquer. La plupart des versions de l'Ancien Testament traduit ce mot comme un « un prodige » ou « une œuvre puissante ». Les érudits du Nouveau Testament traduisent souvent le mot comme « signes et prodiges ».[57]

Le Livre des Actes utilise le mot *dunameon* pour la délivrance des mauvais esprits et pour la guérison physique. Ce don, cependant, implique plus que ces deux actions. Les premiers Chrétiens ont prié, « Et maintenant, Seigneur, vois leurs menaces, et donne à tes serviteurs d'annoncer ta parole avec une pleine assurance, en étendant ta main, pour qu'il se fasse des guérisons, des miracles et des prodiges, par le nom de ton saint serviteur Jésus ».[58]

Comme c'est le cas avec chaque don spirituel, ce don ne fait pas de quelqu'un un supérieur aux autres. Écrivant au sujet de ceux qui s'enorgueillissent de leurs habiletés, St. Paul a dit, «…en se mesurant à leur propre mesure et en se comparant à eux-mêmes, ils manquent d'intelligence».[59] Le Livre des Proverbes nous rappelle, « L'arrogance précède la ruine, Et l'orgueil précède la chute ».[60] Le Saint-Esprit donne les dons de l'Esprit comme cela lui plait, et nous ne pouvons pas créditer à nous-mêmes ce qu'il pourvoit comme si cela venait de nous.

Bien que Jésus aie fait des miracles, il refusa de faire des miracles-preuves pour ces critiques sceptiques.[61] Il a désapprouvé ceux qui demandaient un signe supranaturel comme condition pour l'accepter comme Seigneur. Il a déclaré, « Une génération méchante et adultère demande un miracle».[62] Jonathan Swift, le serviteur Chrétien du dix-huitième siècle et auteur de *Gulliver's Travels*, parla au sujet de ceux de son temps qui demandaient des miracles : «La religion semble avoir été affaiblie avec le temps,» disait-il, « et a besoin des miracles pour être nourrie». Cependant, Dieu fait toujours des miracles comme il veut.

St. Luc rapportait que « Dieu a fait des miracles extraordinaires à travers Paul ».[63] Il a fait des miracles de guérison, chasser des mauvais esprits, et opérer des miracles dans la nature. Paul a écrit à l'église de Galates, « Celui qui vous accorde l'Esprit, et qui opère des miracles parmi vous, le fait-il donc… ».[64]

Le plus grand des miracles n'est pas physique, mais spirituel. La plupart des grands hommes et femmes dans la Bible n'ont pas fait des miracles visibles du tout. Jésus a dit de Jean le Baptiseur, « Je vous le dis en vérité, parmi ceux qui sont nés de femmes, il n'en a point paru de plus grand que Jean-Baptiste. Cependant, le plus petit dans le royaume des cieux est plus grand que lui ».[65] Cependant, le ministère de Jean-Baptiste ne comprenait aucun miracle.[66] L'on peut fidèlement servir Dieu pendant toute une vie sans avoir connu un miracle scientifique.

Cependant, un certain nombre de Chrétiens rapporte des récits clairs des pouvoirs miraculeux de Dieu à l'œuvre de nos jours. Indéniablement, Dieu fait plus de miracles dans notre monde d'aujourd'hui plus que nous ne les réalisons. Dieu protège des accidents, renverse les maladies, arrête le cours du mal, et nous aide à vaincre des obstacles apparemment impossibles. Sans aucun doute, le plus grand miracle des miracles est la puissance de Dieu qui change les cœurs et donne une nouvelle vie en Jésus-Christ. Et tout le monde peut expérimenter cette œuvre de Dieu.

10. Les Langues

Parler en d'autres langues terrestres ou bien dans une langue inconnue comme un moyen de pétition, de louange, ou d'action de grâce.[67]

Le 'parler en langues' permet de parler dans une autre langue sans l'avoir apprise au préalable. Souvent, le don de langues fait entendre une langue que l'émetteur et la plupart de ceux qui l'entendent ne connaissent pas. Un exemple de parler en langues dans des langues humaines apparait dans le Livre des Actes quand d'autres ont entendu certains Chrétiens « parlant dans la langue maternelle de chacun ».[68] Aucune interprétation n'était nécessaire parce que le peuple assemblé les comprenait.[69] Dans notre temps, certains missionnaires rapportent des instances où ceci s'est passé, même si elles sont rare.

Un exemple de parler en d'autres langues inintelligibles aux receveurs apparait en 1 Corinthiens : « En effet, celui qui parle en langue ne parle pas aux hommes, mais à Dieu, car personne ne le comprend... ».[70] Quand cette pratique a lieu publiquement, il doit avoir un traducteur. Autrement, St. Paul a dit, « Si donc, dans une assemblée de l'Église entière, tous parlent en langues, et qu'il survienne des hommes du peuple ou des non-croyants, ne diront-ils pas que vous êtes fous ? ».[71] Il s'en va donc que tout usage public du don de parler-en-langues a besoin d'interprétation.

En plus du vrai don de parler en langues, il y a deux sortes de langues qui ne sont pas des dons de l'Esprit—langues *psycholo-*

giques et langues *démoniaques*. Un exemple de langues psychologiques a lieu quand quelqu'un utilise des techniques variées pour 'enseigner' d'autres de parler en langues. Dans certains milieux, des enseignants insistent que tous peuvent et doivent parler en langues. Parfois, les pressions du groupe induisent des efforts balbutiant à « dire quelque chose en langues ». Des gens peuvent fabriquer ce don spirituel. Cette sorte de parler en langues n'est pas véritable, et s'estompe d'habitude.

Le second genre de parler en langues invalide vient de sources démoniaques. Par exemple, Pythia, une ancienne prêtresse à Delphi en Grèce parlait en langues. Elle inhalait des fumées volcaniques, mâchait des feuilles de laurier psychodysleptiques, tombait en délire et en convulsions, toutes choses qui lui inspiraient de parler avec des sons randonnés. Les prêtres païens de Delphi interprétaient ces déclarations comme des paroles venant du dieu Apollo.[72] Cette forme démoniaque apparait dans les sectes des praticiens Hindu, Musulman, Vodoun, et Santeria.

Nous devons rejeter les langues invalides tout en reconnaissant les langues valides. St. Paul s'est adressé aux membres des églises qui parlaient en langues et qui proféraient des sons enthousiastes mais inintelligibles. Au sujet de cette pratique, 1 Corinthiens 14 enseigne huit principes :

- Parler publiquement en langues 'inconnues' sans interprétations est sans valeur.[73]

- En parlant en langues « la pensée est improductive » et l'on perd le contrôle de la compréhension intellectuelle.[74]

- Ceux qui parlent en langues s''édifient,' non pas la congrégation.[75]

- Ceux qui parlent en langues ne parlent pas à l'assemblée rassemblée mais à Dieu.[76]

- Le parler en langue n'est pas un signe pour les croyants mais pour les incroyants.[77]

- Il doit avoir une interprétation si les déclarations publiques ont une portée pour les autres adorateurs.[78]

- Il est préférable de parler cinq mots de prophétie que dix milles paroles en langues ; en conséquence l'église doit limiter l'usage du parler-en-langues dans le culte publique.[79]
- Les enseignants agissent de manière irresponsable en insistant que les autres doivent parler en langues. Aucun Chrétien n'a tous les dons spirituels,[80] et Dieu distribue ses dons selon sa volonté souveraine.[81]

Le parler en langues peut être *un* signe pour certains, mais il n'est pas *le* signe pour tous. Chaque Chrétien peut connaître la plénitude du Saint-Esprit sans parler en langues. Nous pouvons permettre les différences au sujet du don des langues sans briser la communion avec les autres Chrétiens qui peuvent être en désaccord avec nous. Les Chrétiens qui adorent le même Seigneur sont un en Jésus-Christ, sans considération du fait qu'ils parlent ou ne parlent pas en langues.

11. Interprétation des Langues

Rendre clair aux autres le sens ou l'intention de ce que l'on dit quand on parle dans une langue inconnue.[82]

Le don de l'interprétation des langues est un complément logique et nécessaire à celui du parler en langues. Le dictionnaire autoritaire appelé *Dictionary of Pentecostal and Charismatic Movements* définit le don de l'interprétation des langues comme le don « à travers lequel celui qui le possède clarifie à la congrégation la déclaration inintelligible de celui qui a parlé en langues ».[83] Les Écritures nous disent que si nous parlons publiquement en langues, il doit avoir une interprétation de la pétition, de la louange, et de l'action de grâce. Ce don rend son possesseur capable de déchiffrer le parler en langues et de clarifier ce qui est autrement inintelligible. Ce n'est pas une compréhension intellectuelle de la déclaration ou bien une traduction mot-à-mot des paroles énoncées dans une langue inconnue. Plutôt, c'est une interprétation spirituelle du sens de ce que l'orateur a exprimé.

Parfois celui qui parle en langues peut interpréter ce qu'il ou elle a déclaré. Effectivement, St. Paul a exhorté, «C'est pourquoi, que celui qui parle en langues prie pour avoir le don d'interpréter ».[84] Souvent, quelqu'un d'autre que celui qui parle en langues interprète les paroles à la congrégation. Dieu ne donne pas des 'messages' à la congrégation dans les langues [inconnues]. Les Écritures disent que ceux qui parlent en langues font ainsi à Dieu. Paul a insisté, « Celui qui parle en langues ne parle pas aux hommes, mais à Dieu ».[85] Ainsi, l'interprétation devrait concerner les paroles à Dieu—comme la louange, la prière, les pétitions, ou l'action de grâce.

12. Parole de Sagesse

Recevoir une illumination guidée par l'Esprit qui rend quelqu'un capable de comprendre et de partager la pensée du Saint-Esprit dans une circonstance spécifique.[86]

La Bible met en contraste la sagesse de Dieu et la sagesse humaine. Sans l'aide de Dieu toute sagesse humaine se trouve inadéquate. L'apôtre Jacques a déclaré que la plupart de la sagesse humaine est « terrestre, naturelle, et démoniaque ».[87] Il a aussi déclaré que Dieu donnera la vraie sagesse si nous prions pour cela.[88] L'expression grecque pour le don de Parole de Sagesse est *logos sophias*. *Logos* (parole) peut signifier 'enseignement,' 'doctrine,' 'communication,' ou 'message.' *Sophia* (sagesse) peut signifier 'compréhension,' 'perspicacité,' 'bon sens,' 'jugement,' 'rectitude,' et 'l'habilité de saisir le cœur du sujet.' Les traducteurs interprètent ce don spirituel comme 'l'habileté à donner de sages conseils,' 'l'évocation de la sagesse,' 'le don de sage discours,' 'parler avec sagesse,' 'parler avec sagesse selon l'Esprit.'

Le don spirituel de la Parole de Sagesse ne concerne pas notre pouvoir intellectuel en premier lieu. Plutôt, il se réfère à une compréhension venant du ciel. Comparée à la sagesse divine, la sagesse humaine est « une folie selon Dieu ».[89] St. Paul a défini la sagesse de Dieu comme étant une « sagesse qui n'est pas de ce siècle, ni des chefs de ce siècle, qui vont être anéantis; [mais] la sagesse de Dieu, mystérieuse et cachée, que Dieu, avant les siècles, avait destinée pour notre gloire ».[90] Le mot sagesse renvoie à ce qui permet à quelqu'un de comprendre les choses selon la perspective de Dieu et parler ou écrire avec une perception aiguë et un bon jugement.

Bien sûr, l'apprentissage et l'expérience apporteront une certaine mesure de sagesse. Cependant, le don spirituel de la Parole de Sagesse, est une sagesse élevée que Dieu donne à travers le Saint-Esprit. Ce don spirituel n'apporte pas la sagesse complète au sujet de toute chose. Il s'agit d'une *parole* de sagesse inspirée par le Saint-Esprit qui aide à guider nos décisions. Ce don donne une compréhension spéciale qui transcende la simple perspicacité humaine, et balaie le doute et la confusion.

Une Parole de Sagesse peut réduire les conseillers mal guidés au silence, exposer les mauvais enseignants, et prévenir les décisions insensées. Souvent, les autres expriment la joie et l'assentiment quand quelqu'un parle avec de telles paroles. Jésus a promis aux premiers apôtres, « je vous donnerai une bouche et une sagesse à laquelle tous vos adversaires ne pourront résister ou contredire ».[91] Dans Actes 4 le Sanhedrin a interpellé les apôtres Pierre et Jean les réprimant pour avoir prêché la résurrection de Jésus. Ces apôtres ont étonné et confondu le Conseil Sanhedrin Juif avec la sagesse de leurs paroles. Nous lisons plus loin que les rivaux d'Etienne « ne pouvaient résister à sa sagesse et à l'Esprit par lequel il parlait ».[92]

Quand un groupe Chrétien fait face à une décision difficile, le Saint-Esprit donne souvent à quelqu'un possédant ce don une parole de perspicacité judicieuse qui devient pleinement la parole juste qu'il fallait au bon moment. Quand la compréhension humaine manque, nous avons besoin d'une telle sagesse inspirée par l'Esprit. Souvent, quelques paroles et une phrase courte servirait très bien. Une parole de sagesse détend l'atmosphère et illumine le bon chemin à entreprendre.

Le Saint-Esprit continue aujourd'hui à révéler les paroles de sagesse à travers ses serviteurs pour les rendre capable de communiquer la perspective de Dieu. Nous voyons ce don spirituel à l'œuvre dans le livre des Actes au chapitre 15. Ce chapitre la rend compte de la première conférence de l'Eglise Chrétienne. Jacques, le leader de la conférence, utilisa le don de la parole de sagesse pour conseiller sagement au sujet de la loi Juive et du Christianisme. Aujourd'hui, la communauté Chrétienne a besoin du conseil des serviteurs inspirés de Dieu. Peut-être Jésus dirait encore, « Que celui qui a des oreilles pour entendre entende ».[93]

13. Parole de Connaissance.

Connaitre un fait ou une circonstance en se fondant sur l'illumination directe du Saint-Esprit.[94]

Le mot Grec *ginosko* veut dire « comprendre », « reconnaître », et « connaître ». Nous pouvons traduire la phrase biblique *logos gnoseo* (parole de connaissance) en « une déclaration de connaissance par le Saint-Esprit », « mettre la connaissance approfondie en paroles, » « parler avec connaissance », ou « parler de l'instruction par le Saint-Esprit ». Le don de la Parole de Connaissance permet à quelqu'un de réaliser quelque chose avec certitude parce que le Saint-Esprit le révèle. Jésus avait une parole de connaissance quand il a dit à la femme Samaritaine qu'elle avait été mariée cinq fois, et que l'homme avec lequel elle vivait dans le temps n'était pas son mari.[95]

Dieu a donné à Pierre une parole de connaissance au sujet de Ananias : « Ananias, pourquoi Satan a-t-il rempli ton cœur, au point que tu mentes au Saint Esprit, et que tu aies retenu une partie du prix du champ ?».[96] À travers ce don, le Saint-Esprit transmet une certitude à nos paroles et les utilise pour accompagner un acte de ministère. Par exemple, avant que l'on prie pour la guérison de quelqu'un, Dieu peut donner à la personne qui veut prier une parole précise de connaissance au sujet de ce que Dieu est en train de faire.

À travers l'histoire, certains ont déclaré avoir une connaissance spéciale qui fait d'eux des êtres supérieurs aux autres. Dans les premiers siècles de notre ère, les faux enseignants, appelés les Gnostiques, ont prétendu avoir une connaissance spéciale, connue d'eux uniquement. Ils imposaient des paiements pour partager leur connaissance. Le Christianisme n'a pas de secret, parce que Christ a révélé le Royaume à tout le monde.

Le don spirituel de la parole de connaissance vient du Saint-Esprit. St. Paul nous dit que c'est seulement en Christ que trouvons « les trésors de la sagesse et de la connaissance ».[97] Ce don ne rend pas ceux qui le possèdent supérieurs aux autres. Plutôt, la parole de la connaissance devrait nous rendre capable d'aider et d'encourager. Le Saint-Esprit donne les paroles de connaissance pour guider nos prières, nos décisions, et notre service.

14. La Foi

L'habileté donnée par l'Esprit de croire que parce que Dieu est capable de faire des œuvres merveilleuses, nous pouvons lui faire confiance de les faire en réponse à notre prière et notre foi.[98]

Le mot *pistis* (foi) du Nouveau Testament a plusieurs définitions. Le contexte décide ce qui s'applique. La foi peut signifier « une conviction de la vérité de quelque chose », « confiance », « digne de confiance », « fidélité », « ce que l'on croit », « l'assurance que Dieu est à l'œuvre ». La foi dans le Nouveau Testament peut aussi signifier un fruit spirituel.[99] Plus tard, nous verrons la distinction entre un fruit spirituel et les dons spirituels. La foi comme un don spirituel veut dire une croyance digne de faire bouger les montagnes, qui renferme la conviction que Dieu est à l'œuvre dans notre monde.[100] Notre préoccupation ici est au sujet de la foi comme un don spirituel.

Le don de la foi amène une confiance rassurante que Dieu est présent dans nos vies journalières et peut faire des merveilles. Cette foi apporte une confiance extraordinaire dans l'action divine de Dieu, même si les faits réels apparaissent contradictoires. Moïse, par exemple, crut contre toute vraisemblance que Dieu délivrerait miraculeusement le peuple Hébreux de l'esclavage. « C'est par la foi qu'il quitta l'Égypte, sans être effrayé de la colère du roi; car il se montra ferme, comme voyant celui qui est invisible».[101] Josué et Caleb crurent Dieu pour conduire les Israelites à la Terre Promise. Nous n'avons aucun pouvoir ou aucune autorité de demander à Dieu d'intervenir de certaines manières. Cependant, quand Dieu inspire la foi, nous avons une ferme conviction que Dieu accomplira son œuvre remarquable.

Le lexique du Nouveau Testament définit ce sens de la foi comme « une conviction ferme et souhaitée ».[102] Souvent, la confiance que Dieu travaillera merveilleusement vient quand d'autres doutent qu'une solution est possible. Plusieurs Israelites doutaient de l'habileté de Dieu à leur donner la victoire sur les plus puissants ennemies. Josué et Caleb, cependant, crurent en la promesse de Dieu, et Dieu récompensa leur foi. La plupart des institutions Chrétiennes—comme les sociétés missionnaires, les écoles, les hôpitaux, les ministères universitaires, les orphelinats, et les organisations de service—doivent leurs genèses aux pionniers de foi venus de Dieu.

La foi produit rarement des réponses instantanées. Souvent, la foi implique l'attente, la patience, et la prière. La génération impatience de nos jours a développé une démangeaison pour l'instantanée. Dans la Bible et à travers l'histoire, cependant, la foi a presque toujours eu à faire avec le retard. En attendant, notre travail principal est de croire et d'obéir Dieu dans la prière.

Certaines espèces de bambous, quand ils sont plantés, ne montrent aucun signe de germination pour un long moment. Pendant quatre ans, la racine dans le sous-sol doit recevoir de l'eau et d'engrais—avec aucun signe que le bambou est vivant. Durant les saisons qui passent, le plant ne germe pas. Mais après quatre ans d'attente le bambou éclate à partir du sol et grandit à une hauteur de neuf à douze mètres dans une seule saison! De la même manière, Dieu travaille dans nos vies durant nos périodes d'attente. Ceux qui possèdent le don de foi continuent de croire, même s'ils ne voient pas d'évidence immédiate de changement. Dieu travaille pendant que nous croyons sans voir. La foi a confiance que Dieu se manifestera en son propre temps et récompensera la confiance inspirée par l'Esprit.

Le don de foi apporte une croyance ferme que Dieu répond à nos supplications qui lui sont adressées, et déchaine ses bénédictions dans nos vies. Le don de foi encourage ceux qui sont de plus petite foi et les aide à mieux s'asseoir dans leur marche avec Dieu. St. Augustine (354-430) a écrit, « La foi consiste à croire ce que nous ne voyons pas; et la récompense de cette foi est de voir que nous croyons ». La foi propulse la vision qui dépeint une figure mentale de ce qui devrait être et sera.

15. Discernement des Esprits

Voir si un enseignement ou action proposée vient de source divine, de source humaine, ou de source du Méchant.[103]

Le nom biblique complet pour le don de discernement est « distinguer les esprits » ou « discernement des esprits ». Le Livre des Hébreux parle de « ceux dont le jugement est exercé par l'usage à discerner ce qui est bien et ce qui est mal ».[104] Un passage du Nouveau Testament traduit ce don comme « connaître si les mauvais esprits sont en train de parler à travers ceux qui prétendent donner des messages de la part de Dieu—ou bien si c'est l'Esprit de Dieu qui est en train de parler ».[105] D'autres versions de la Bible traduisent ce don comme « l'habileté à discerner entre les esprits », « le don de distinguer les vrais esprits des faux », « établir de distinction dans les affaires spirituelles », « le don de reconnaitre les esprits », ou bien « l'habileté à discerner si un message est de l'Esprit de Dieu ou d'un autre esprit ».

Pierre avait le don de discernement des esprits. Il avait vu la déception mauvaise de Simon le Magicien et l'exposa comme « satanique ».[106] Paul a discerné l'intention mauvaise d'un faux prophète, qu'il appela « un enfant du diable ».[107] Le don spirituel du discernement permet à l'église de distinguer ce qui vient du Saint-Esprit, des esprits humains, et des mauvais esprits.

À cet effet, Jésus avertit, « Gardez-vous des faux prophètes. Ils viennent à vous en vêtement de brebis, mais au dedans ce sont des loups ravisseurs... Plusieurs faux prophètes s'élèveront, et ils séduiront beaucoup de gens ».[108] L'apôtre Paul a clarifié que « nous n'avons pas à lutter contre la chair et le sang, mais contre les dominations, contre les autorités, contre les princes de ce monde de ténèbres, contre les esprits méchants dans les lieux célestes ».[109] Comment pouvons-nous savoir le vrai du faux ? Le discernement spirituel permet de voir clair dans ces sujets importants.

Les vaisseaux spatiaux n'osent pas changer leurs vecteurs par un degré unique. Il pourrait sembler au prime abord qu'une petite déviation n'importe pas. Cependant, la moindre erreur au début conduira le vaisseau spatial à des milliers de kilomètres de sa destination prévue. De la même manière les petites erreurs peuvent sembler négligeables à première vue, mais elles peuvent nous conduire loin de la volonté et de la faveur de Dieu. Parce que les faux enseignants peuvent astucieusement mal interpréter la Bible, le don de discernement aide à garder la communauté Chrétienne dans la vérité et la volonté de Dieu.

Paul nous rappela que certains enseignants sont « des faux apôtres, des serviteurs trompeurs, se déguisant eux-mêmes en apôtres de Christ ». Il ajouta, «Et cela n'est pas étonnant, puisque Satan lui-même se déguise en ange de lumière. Il n'est donc pas étrange que ses ministres aussi se déguisent en ministres de justice ».[110] La communauté Chrétienne a toujours besoin de « jauger ce qui est dit ».[111] St. Paul a averti en disant, « quelques-uns abandonneront la foi, pour s'attacher à des esprits séducteurs et à des doctrines de démons, par l'hypocrisie de faux docteurs portant la marque de la flétrissure dans leur propre conscience ».[112]

Billy Graham a une fois écrit, « Je suis convaincu que des centaines de leaders religieux à travers le monde sont, non pas des serviteurs de Dieu, mais de l'Antéchrist. Ils sont des loups s'habillant en brebis; ils sont des ivraies et non du blé ».[113] Il en a été ainsi pendant des siècles. Contemplant le futur St. Jean a écrit, « Bien-aimés, n'ajoutez pas foi à tout esprit; mais éprouvez les esprits, pour savoir s'ils sont de Dieu, car plusieurs faux prophètes sont venus dans le monde ».[114] Et St. Paul a exhorté, « Mais examinez toutes choses; retenez ce qui est bon ».[115] Nous remercions Dieu pour ses serviteurs sensibles avec le don de discernement des esprits.

16. L'Apostolat

Transplanter l'Évangile dans un nouvel environnement pour commencer une nouvelle communauté Chrétienne parmi les peuples non-encore atteints par l'Évangile.[116]

Le mot Grec *apostolos* et son équivalent latin *missio* signifient « celui qui est envoyé comme un délégué, » ou bien « un émissaire envoyé avec un message ». Les apôtres sont des ambassadeurs envoyés par le Saint-Esprit qui représentent la communauté Chrétienne en de nouveaux lieux. Le don de l'apostolat donne à quelqu'un la disposition et l'habileté d'apporter la bonne nouvelle à ceux qui sont sous-informés au sujet du message Chrétien et de former de nouvelles communautés Chrétiennes. En conséquence, tous les apôtres sont des missionnaires en quelque sorte, mais pas nécessairement des missionnaires étrangers. Par exemple, commencer une nouvelle église dans une communauté des brigands dans un centre-ville demande le don de l'apostolat. Les apôtres doivent s'étendre au-delà des obstacles culturels et parfois des obstacles linguistiques dans leurs œuvres missionnaires parmi ceux qui ne connaissent pas ou qui ne comprennent pas l'Évangile de Christ. Ordinairement, ceux qui possèdent le don de l'apostolat ont aussi les dons de prophétie, d'enseignement, et des œuvres de miracles.

Plusieurs apôtres apparaissent dans le Nouveau Testament à côté des douze disciples de Jésus. Par exemple Paul,[117] Jacques,[118] Barnabas,[119] Andronicus,[120] Junias,[121] Silvanus,[122] et Timothée[123] ont aussi fait des œuvres apostoliques. L'apôtre Jacques 'Le Juste' (frère de Jésus), qui n'était pas l'un des douze apôtres, a présidé en tant qu'apôtre la première conférence des Chrétiens dans le Livre des Actes.[124] Ceci explique bien pourquoi Paul nous dit, « [Christ] a donné les uns comme apôtres, les autres comme prophètes, les autres comme évangélistes, les autres comme pasteurs et docteurs, pour le perfectionnement des saints en vue de l'œuvre du ministère et de l'édification du corps de Christ, jusqu'à ce que nous soyons tous parvenus à l'unité de la foi et de la connaissance du Fils de Dieu, à l'état d'homme fait, à la mesure de la stature parfaite de Christ ».[125]

Qui peut douter que les œuvres de Hudston Taylor en Chine, David Livingston en Afrique, E. Stanley Jones en Inde, et Bruce Olsen en Amérique du Sud méritent d'être appelées œuvres apostoliques ? Ils ont implanté le Christianisme là où il n'avait pas une présence, et ils y ont laissé des triomphes spirituelles durables. L'église continue d'avoir besoin de ce don de l'Esprit jusqu'à ce que Christ revienne encore pour finaliser l'histoire terrestre.

17. Secourir

Répondre aux besoins humains à travers des ministères de services pratiques sans chercher des intérêts égoïstes ou personnels.[126]

Le mot Grec *antilapsis* veut dire « aider » ou « supporter ». Dans 1 Corinthiens le mot se réfère particulièrement à 'aider les faibles et les nécessiteux.' Différentes versions de la Bible parlent de ce don du Saint-Esprit comme 'ceux qui aident les autres,' 'secoureurs,' et 'l'habileté à aider les autres.' Le mot apparaît, par exemple dans 1 Thessaloniciens : « Nous vous prions aussi, frères… supportez [aidez] les faibles, usez de patience envers tous ».[127] Le mot apparaît dans Actes, là où l'apôtre Paul enseigna les anciens d'Éphèse, « Il faut soutenir les faibles, et se rappeler les paroles du Seigneur, qui a dit lui-même: Il y a plus de bonheur à donner qu'à recevoir ».[128]

Le don de secourir concerne surtout le soulagement des besoins pratiques des pauvres, des faibles, et des opprimés. Dans le Livre des Actes, nous lisons au sujet d'une femme nommée Dorcas qui « faisait beaucoup de bonnes œuvres et d'aumônes ».[129] Ceux qui secourent trouvent des moyens d'aider ceux qui portent de lourds fardeaux, et ils trouvent la joie à tendre la main aux nécessiteux avec des aides pratiques. Ils s'en tiennent à l'adage, « Quand une personne est écrasée par le monde, une once d'aide est mieux qu'un livre de prédication ».

Ceux qui sont dotés du don de secourir peuvent ne pas nécessairement continuer à servir les mêmes personnes ou organisations pendant de longues périodes. Cependant, quelles que soient leurs circonstances, ils se donnent eux-mêmes pour aider ceux qui sont dans le besoin. Ils font les leurs l'enseignement de Jésus, « Mais quand tu fais l'aumône, que ta main gauche ne sache pas ce que fait ta droite, afin que ton aumône se fasse en secret; et ton Père, qui voit dans le secret, te le rendra ».[130] En faisant ceci, ils n'espèrent pas recevoir de la louange ou de la reconnaissance pour leur important travail.

Parfois le meilleur service vient des mains non publiées ou vulgarisées, dont les œuvres sur la terre ne reçoivent jamais d'attention ou de louanges. Dans l'éternité, ces personnes aux bonnes œuvres recevront leurs récompenses, car Jésus a dit, « Et quiconque vous donnera à boire un verre d'eau en mon nom, parce que vous appartenez à Christ, je vous le dis en vérité, il ne perdra point sa récompense ».[131]

18. Administration

Établir des objectifs, planifier, organiser, et diriger les autres à travailler harmonieusement vers un but commun dans l'œuvre de Dieu.[132]

Le nom Grec originel *hubernatas* veut dire « timonier», « homme de barre », ou « gouverneur ». La forme verbale du mot veut dire « piloter » ou « diriger ». Les érudits bibliques traduisent le mot *hubernasis* comme « gouvernements », « celui qui conduit les autres à travailler ensemble », « administrateur », « le pouvoir de guider les autres », « détenteur des pouvoirs spirituels », «décider», et « bons dirigeants ». Certaines personnes prennent ce don comme celui de « leadership ».[133] Cependant, l'administration réside au cœur de ce don.

Tout groupe de personnes a besoin de management et de redevabilité. Dieu a donné à l'église des leaders qui ont le don de l'administration. Le Saint-Esprit dote ceux qui ont le don de l'administration à reconnaître les possibilités en des personnes et organisations et à les conduire de manières efficaces. Ce don s'apprécie dans les pratiques de bons jugements, de bons conseils, de sages compétences organisationnelles, et l'habileté à conduire le peuple. Comme des pilotes de bateaux, ils guident l'organisation à travers des défis de l'océan jusqu'à la destination désirée.

Bien que les administrateurs efficaces écoutent les opinions des autres, ils ont parfois besoin de faire ce qui est bon au lieu de ce qui est populaire ou ce qui est conforme à l'opinion de la majorité. En 1941 Winston Churchill a déclaré avec humeur, « Je vois qu'il est dit que les leaders devraient garder leurs oreilles à terre. Tout ce que je peux répondre est que la nation Britannique trouvera très dure à chercher des leaders qui sont détectés dans cette posture disgracieuse ». Le plus de responsabilités de leadership l'on possède, plus l'on doit prier, adhérer aux principes bibliques, et obéir à la direction de Dieu. Souvent les leaders doivent interpeller le courage de suivre Dieu au lieu de céder aux clameurs des demandes des personnes non sages et émotionnellement excitées.

Bien sûr, le groupe doit garder le leader redevable à adhérer solidement aux principes enseignés dans les Écritures. Les mauvais leaders peuvent fleurir seulement si les suiveurs le permettent. L'auteur Américain Bayard Taylor (1825-78) a écrit une pièce perceptive sur le leadership qu'il a titré *Self Mastery* [Maîtrise de Soi]. Dans cette composition il dit,

Celui qui doit diriger doit premièrement être dirigé ;
Celui qui doit être aimé être capable d'aimer
Au-delà du plus précieux qu'il reçoit, qui prétend
Le bâton du pouvoir doit d'abord céder
Et étant honoré, honore ce qui est de là-haut:
Connaissent ceci les hommes qui laissent leurs noms dans le monde.[134]

Le Nouveau Testament commande aux leaders d'adhérer aux standards éthiques les plus élevés et de faire preuve de conduite morale sans défaut.

Tite, d'après le Nouveau Testament, avait ce don, et St. Paul l'avait laissé à Crète pour qu'il mette «en ordre ce qui reste à régler, et que, selon mes instructions, tu établisses des anciens dans chaque ville».[135] Le don de l'administration rend les leaders capables de servir efficacement dans des positions administratives variées—incluant les églises, les écoles, les hôpitaux, les agences missionnaires, et d'autres organisations Chrétiennes. Les ouvriers d'usine, les étudiants, les coaches (entraineurs), les ménagers, les personnes d'affaires, et les professionnels peuvent aussi avoir ce don. L'église de nos jours a besoin de ces leaders oints par Dieu.

19. Évangélisation

Une habileté spéciale à comprendre la grave situation des personnes non-sauvées et à les conduire à s'engager à remettre leurs vies à Jésus-Christ comme leur sauveur.[136]

56 *Les Dons du Saint-Esprit dans le Nouveau Testament*

Le mot Grec *euangelistas* veut dire « un messager de bonne nouvelle », « l'apporteur des bonnes nouvelle », ou « un évangéliste ». Le don d'évangélisation est une habileté donnée par l'Esprit pour partager l'évangile Chrétien avec clarté et conviction. Ce don équipe les Chrétiens à gagner les autres à Christ à travers discours publics, écrits, ou conversations personnelles. Le contenu du message d'un évangéliste est l'*euangelio*, qui veut dire, « évangile », ou « bonne nouvelle ».

Le don d'évangélisation permet à certains Chrétiens d'exceller en évangélisation personnelle, mais pas nécessairement en prédication d'évangélisation. D'autres gagnent plusieurs à Christ à travers des prédications d'évangélisation, mais pas à travers l'évangélisation personnelle. D'autres excellent dans les deux formes d'évangélisation. Dieu appelle certains Chrétiens aux écrits d'évangélisation. Et merveilleuse est la puissance d'une vie droite et sainte !

Le succès de l'évangélisation ne dépend pas de tes efforts, mais de Dieu travaillant à travers le Saint-Esprit. L'usage des dernières inventions, des promesses non bibliques, ou des techniques de manipulation est non nécessaire et mal avisé. Toute conversion réelle à Christ vient de l'œuvre de Dieu. L'évangile de Jean nous dit, « Mais à tous ceux qui l'ont reçue, à ceux qui croient en son nom, elle a donné le pouvoir de devenir enfants de Dieu, lesquels sont nés, non du sang, ni de la volonté de la chair, ni de la volonté de l'homme, mais de Dieu ».[137] Ce don spirituel, comme tous les autres, n'est pas une simple aptitude humaine, mais une dotation divine.

Ceux qui possèdent ce don spirituel ne peuvent échapper à l'idée des personnes perdues s'embarquant vers le jugement final de Dieu sans connaître Jésus comme sauveur. Le don de l'évangélisation donne à celui qui le possède un souci suprême d'amener les perdus à accepter Jésus Christ comme Seigneur et Sauveur. Les gagneurs d'âmes n'attirent pas l'attention sur eux-mêmes ou sur leur église mais exaltent plutôt Jésus Christ, et attirent l'attention sur sa mort sacrificielle pour les pécheurs. Les gens peuvent devenir Chrétiens seulement si d'autres les introduisent à Jésus Christ. Les prophètes doigtent le chemin; les enseignants expliquent le chemin; les bergers conduisent les autres sur le chemin; et les évangélistes s'attardent à ramener les gens sur le chemin.

20. Berger/Paître les Brebis

Conduire et servir d'autres à travers les ministères pastorales de l'enseignement, de leadership, et de les amener à la maturité et la ressemblance à Christ.[138]

Le mot grec originel *poiman* signifie « paître ». Le Nouveau Testament utilise ce mot de trois manières :

(1) L'usage ordinaire du mot se réfère à ceux qui prennent soin du bétail. Par exemple, l'un des fils d'Adam et Ève était Abel, qui était un berger.[139] Dans le Nouveau Testament nous lisons, « Il y avait, dans cette même contrée, des bergers qui passaient dans les champs les veilles de la nuit pour garder leurs troupeaux ».[140]

(2) De même que l'usage populaire du mot, le Nouveau Testament utilise « berger » en référence à Christ. Pierre s'est référé à lui comme « le berger et le gardien » de nos âmes.[141] L'auteur de l'épître aux Hébreux parle de Jésus comme un berger dans un verset le plus souvent cité : « Que le Dieu de paix, qui a ramené d'entre les morts le grand pasteur des brebis, par le sang d'une alliance éternelle, notre Seigneur Jésus, vous rende capables de toute bonne œuvre pour l'accomplissement de sa volonté, et fasse en vous ce qui lui est agréable, par Jésus Christ, auquel soit la gloire aux siècles des siècles ! ».[142]

(3) Un troisième usage du mot « paître » dans le Nouveau Testament se réfère à un pasteur qui préside ou gère une communauté Chrétienne. St. Paul parle du pasteur comme celui qui 'paît' la bergerie. Tous les bons pasteurs sont des assistants du « grand Berger des brebis, » Jésus Christ.[143] Les vrais pasteurs sont prêts à donner leurs vies pour leur bergerie.[144]

L'un des principaux rôles d'un berger est d'enseigner. Dans Éphésiens 4 :11 St. Paul rapproche les tâches d'enseigner et de paître. L'on peut avoir le don d'enseigner sans le don de pasteur. Les pasteurs, cependant, doivent avoir le don d'enseignement. Ils peuvent enseigner sans être pasteur d'une église, mais ils ne peuvent pas faire l'œuvre de pasteur sans enseigner. Tout vrai pasteur doit enseigner la parole de Dieu. Effectivement, enseigner et prêcher la Parole de Dieu est le devoir principal du pasteur. Le Nouveau Testament tient les pasteurs pour responsables d'enseigner les autres à suivre Christ le Grand Berger. Le Nouveau Testament utilise les termes « anciens » et «évêques» pour décrire les pasteurs. Ils ont la responsabilité de protéger, de nourrir, et de guider la bergerie que Dieu leur a confiée. Ces tâches importantes impliquent ou demandent que le pouvoir du Saint-Esprit coule à travers le don d'exercice de pasteur ou de berger.

L'on n'a pas besoin de consécration ou un bureau pastoral pour exercer le don de pasteur. Plusieurs laïcs font l'œuvre de pasteur. Un jeune, par exemple, peut veiller sur ses camarades de classe et les guider. Un ouvrier d'usine peut veiller sur un réseau d'amis et de collègues de travail. Un ménager peut veiller pastoralement sur les plus jeunes femmes en les enseignant, les édifiant, et en les guidant. Les responsables de la jeunesse, les enseignants de l'école de dimanche, et les employés de bureau peuvent servir et servent effectivement comme des pasteurs dans les milieux où ils travaillent. Les pasteurs consacrés peuvent utiliser les aides pastorales des laïcs qui ont aussi le don de ministère pastoral dans l'église. Sage est ce pasteur qui reconnaît et utilise ces laïcs remplis de dons dans l'église.

Le Nouveau Testament insiste que ceux qui ont le don du ministère pastoral vivent de manière incorruptible, caractérisée par la pureté et la maturité. Ils doivent être des modèles « en parole, en conduite, en charité, en foi, en pureté ».[145] St. Paul a écrit à Tite, « Car il faut que l'évêque soit irréprochable, comme économe de Dieu; qu'il ne soit ni arrogant, ni coléreux, ni adonné au vin, ni violent, ni porté à un gain déshonnête ». Dieu appelle le pasteur à être «hospitalier, ami des gens de bien, modéré, juste, saint, tempérant ».[146]

Conclusion

Tous ces dons du Saint-Esprit trouvés dans le Nouveau Testament continuent d'opérer de nos jours. Alors que Dieu les distribue aux Chrétiens, le corps de Christ sera «parvenu à l'unité de la foi et de la connaissance du Fils de Dieu, à l'état d'homme fait, à la mesure de la stature parfaite de Christ ».[147] Le Royaume de Dieu sera plus enrichi et plus comblé alors que vous contribuez avec vos ministères personnels à travers les dons spirituels que Dieu vous a donnés gracieusement. Connaître et utiliser vos *charismata* forment la fondation d'une vie productrice porteuse de récompenses maintenant et dans les siècles à venir.

Notes

[1] Rom. 12: 6; 1 Cor. 12 :10, 28 ; Éphés. 4 :11.
[2] 1 Cor. 15: 3-4.
[3] Jér. 1:9.
[4] Actes 27 : 10, 21-22.
[5] 1 Cor. 14 :3.
[6] Matt. 7:15.
[7] Matt. 24 :11.
[8] Matt. 24 :24.
[9] Deut. 13 :1-18.
[10] 1 Jean 4 :1.
[11] 1 Cor. 12 :28.
[12] 1 Thess. 5 :19-22.
[13] Rom. 12 :7 ; 1 Cor.12 :28 ; Éphés.4 :11.
[14] Nous tenons le mot didactique de *didaskalia*
[15] J. H. Thayer, *Greek-English Lexicon of the New Testament*, p.144.
[16] Matt. 5 :19
[17] Philip Schaff, *History of the Christian Church*, 8 vols. (Grand Rapids: Wm. B. Eerdmans Publishing Company, 1950), 1:565.
[18] 2 Pie. 2 :1.
[19] 1 Tim. 1 :6-7 ; 4 :1-2 ; Tite1 :10-11.
[20] Matt. 28 :20.
[21] 2 Tim. 6 :3-4.
[22] Jacq. 3 :1.
[23] Rom.12 :7.
[24] Luke 22 :27.
[25] Actes 6:4.
[26] Ce poème rime bien en Anglais et se présente comme suit:
No service in itself is small,
None great though earth it fill;
But that is small that seeks its own
And great that seeks God's will.
[27] 2 Tim.1:16-18.

[28] Rom. 15:31.
[29] Matt.23:11.
[30] Luc 12:37.
[31] Rom.12:8.
[32] Jean 14:16, 25; 15:26.
[33] J. H. Thayer, *Greek-English Lexicon of the New Testament*, pp.482-83.
[34] 1 Thess. 5:11.
[35] Jer.31:2.
[36] 2 Tim.4:1-2.
[37] Rom. 12:8.
[38] Mark 12:42-44.
[39] Ce poème rime bien en Anglais et se présente comme suit:
Give strength, give thought, give deeds, give wealth ;
Give love, give tears, and give thyself.
Give, give, be always giving,
Who gives not is not living;
The more you give, the more you live.
[40] Actes 20:35
[41] Ce poème se présente originellement comme suit:
A man there was , though some did count him mad,
The more he cast away the more he had.
[42] Rom.12:8
[43] Phil.2:29.
[44] 1Tim. 5:17; Héb.13:7.
[45] 1 Thess. 5:12-13.
[46] Rom. 12:8.
[47] Éphés. 2:4
[48] Rom. 12:8.
[49] Matt. 9:13; 12:7; Luc 11:37; Jacq. 2:13.
[50] Psa.103:17.
[51] 1 Cor. 12:9, 28, 30.
[52] Exod. 15:26.
[53] Actes 3:7.
[54] 2 Cor. 12: 7-9.
[55] Rév. 21:4. Voir aussi Isa. 25 :8 ; Matt. 13 :43 ; 1Cor. 15: 26; Phil. 3 :2 ; 2 Tim. 1 :10.
[56] 1 Cor.12:10, 28-29.
[57] John 2:11.
[58] Actes 4:29-30.
[59] 2 Cor. 10:12.
[60] Prov. 16:18.
[61] Matt. 12 :38-42.
[62] Matt. 16 :4.
[63] Actes19 :11.
[64] Gal. 3 :5.
[65] Matt. 11 :11.

[66] Jean 10 :41.
[67] 1 Cor. 12 :10, 28.
[68] Actes 2:4-6
[69] Actes 2:6-11
[70] 1 Cor. 14:2
[71] 1 Cor.14:23
[72] Will Durant, *The Story of Civilization*, vol.2, *The Life of Greece* (New York: Simon and Schuster, 1966), p.198.
[73] 1 Cor. 14:9.
[74] 1 Cor. 14:14.
[75] 1 Cor. 14:4, 6, 9-11.
[76] 1 Cor. 14:2.
[77] 1 Cor. 14:22.
[78] 1 Cor. 14:5, 28.
[79] 1 Cor. 14: 27-28.
[80] Rom. 12:6; 1 Cor. 12:29.
[81] 1 Cor. 12: 11.
[82] 1 Cor. 12: 10, 30.
[83] *Dictionary of Pentecostal and Charismatic Movements*, edited by Stanley M. Burgess, Gary B. McGee, and Patrick H. Alexander (Grand Rapids: Zondervan Publishing House), Regency Reference Library, p.469.
[84] 1 Cor. 14:13.
[85] 1 Cor. 14:2.
[86] 1 Cor. 12: 8.
[87] Jacq. 3:15.
[88] Jacq. 5:1.
[89] 1 Cor. 1:20; 3:19.
[90] 1 Cor. 2:6-7.
[91] Luc 21: 15.
[92] Actes 6:10.
[93] Rev. 2:7.
[94] 1 Cor. 12:28.
[95] John 4:18.
[96] Actes 5:1-3.
[97] Col. 2: 2-3.
[98] 1 Cor. 12:9.
[99] Gal. 5:22.
[100] Matt. 17:20; Mark 11:22-24.
[101] Héb. 11:27.
[102] Joseph Henry Thayer, *Greek-English Lexicon of the New Testament* (New York: American Book Co., 1889), p.513.
[103] 1 Cor.12: 10.
[104] Héb. 5:14
[105] 1 Cor. 12: 10.
[106] Actes 8: 20-24.
[107] Actes 13: 10

[108] Matt. 5:15; 24:11.
[109] Éphés. 6:12.
[110] 2 Cor. 11: 13-15.
[111] 1 Cor. 14:29.
[112] 1 Tim. 4:12.
[113] Billy Graham, *The Holy Spirit* (Waco, TX: Word Books, 1978), p.152.
[114] 1 Jean. 4:1
[115] 1 Thess. 5: 21.
[116] 1 Cor. 12:28; Éphés. 4:11.
[117] Rom. 1:1.
[118] Gal. 1:19.
[119] Actes 14: 14.
[120] Rom. 16:7.
[121] Rom. 16:7. Les manuscrits les plus anciens comportent Junias, la forme féminine de Junia. Ceci suggère qu'il y avait probablement au moins une femme apôtre dans le Nouveau Testament.
[122] 1Thess. 1:1; 2:7.
[123] 1Thess. 1:1; 2:7.
[124] Actes 15: 19-23.
[125] Éphes. 4: 11.
[126] 1 Cor. 12: 28.
[127] 1 Thess. 5:14.
[128] Actes 20:35.
[129] Actes 9:36.
[130] Matt. 6:3-4.
[131] Marc 9: 40.
[132] 1 Cor. 12:28.
[133] Telle est la traduction de *kubermasis* dans le New Living Translation dans le texte de 1 Cor. 12 :28.
[134] *Masterpieces of Religious Verse*, edited by James Dalton Morrison (New York: Harper & Brothers, 1948), p.303.
Ce poème se présente originellement comme suit:
He who would lead must first himself be led ;
Who would be loved be capable to love
Beyond the utmost he receives, who claims
The rod of power must first have bowed
And being honored, honor what's above:
This know the men who leave the world their names.
[135] Tite 1:5.
[136] Éphés. 4:11.
[137] Jean 1:13.
[138] Éphés. 4:11.
[139] Gen. 4:2.
[140] Luc 2:8.

[141] 1 Pie. 2: 25. Les Écritures se réfèrent aussi à Christ comme un Berger dans Matt. 26 :31 ; Marc 14 :27 ; John 10 :11 ; 14 :16 ; Héb. 13 :20. L'Ancien Testament fait référence à Dieu comme un Berger (Psa. 23 :1).
[142] Héb.13 :20-21.
[143] Actes 20 :28.
[144] Jean 10 :11.
[145] 1Tim. 4 :12.
[146] Tite 1 :6-9
[147] Éphés. 4 :13.

4

Discerner les Distinctions

"Pour ce qui concerne les dons spirituels, je ne veux pas, frères, que vous soyez dans l'ignorance.»[1] Ainsi écrivit l'Apôtre Paul. Aujourd'hui, nous faisons face aux mêmes défis qu'avaient connus les Chrétiens du premier siècle. Cependant, en notre temps comme en celui de Paul, l'ignorance, la confusion, et le doute demeurent toujours. Nous pouvons comparer ces obstacles à une boule emmêlée de cordes de cerf-volant qui limite notre habileté de guider le cerf-volant dans le vent. Ce chapitre se penche sur trois enchevêtrements communs qui nous ralentissent.

1. Si les Dons Spirituels Sont les Mêmes que le Fruit de l'Esprit

Les Chrétiens confondent souvent les *dons* spirituels et les *fruits* spirituels. Ces deux opérations de Dieu sont distinctes l'une de l'autre. Dans sa lettre aux Chrétiens de Galates, St. Paul énumère le fruit de l'Esprit comme l'amour, la joie, la patience, la gentillesse, la générosité, la fidélité, la douceur, et la maîtrise de soi.[2] Les fruits spirituels sont des vertus morales qui définissent la sainteté, la maturité, et la ressemblance à Christ. L'évidence de ces qualités dans nos vies pointe à notre maturité croissante comme disciples du Seigneur vivant.

En contraste, les dons spirituels ne sont pas des vertus morales. Plutôt, ce sont des dotations de pouvoir spirituel et d'habiletés surnaturelles venant de Dieu. Si le fruit spirituel concerne le *caractère*, les dons spirituels sont liés au *service*. Si le fruit spirituel concerne ce que nous *sommes*, les dons spirituels concernent ce que nous *faisons*. Les dons spirituels sont des instruments et habiletés venant de l'Esprit de Dieu pour rendre l'être humain capable d'œuvrer et servir efficacement. Par exemple, le don de l'enseignement n'est pas une vertu morale. C'est une onction de Dieu qui nous permet d'enseigner la vérité de Dieu de manières qui ne soient pas possible avec le talent naturel seul.

Nous pouvons résumer les différences entre dons spirituels et fruit spirituel dans le tableau suivant :

Fruit Spirituel	Dons Spirituels
Dieu veut que tous les Chrétiens puissent avoir tout le fruit de l'Esprit.	Dieu veut des dons différents pour différents Chrétiens.
Le fruit spirituel démontre le caractère et la sainteté.	Les dons spirituels favorisent le ministère et le service.
Les Chrétiens peuvent espérer tout le fruit de l'Esprit.	Les Chrétiens ne peuvent espérer que certains des dons spirituels.
Tout le fruit de l'Esprit est essentiel.	Certains dons plus essentiels que d'autres.
Le fruit spirituel ne peut être abusé ; il conduit à l'unité.	Les dons spirituels peuvent êtres abusés et conduisent au conflit et à la division.

2. Si les Dons Spirituels Sont les Mêmes que les Talents Humains ou les Compétences Développées

Certains Chrétiens confondent les dons du Saint-Esprit avec les aptitudes naturelles ou certaines compétences apprises. Les talents humains et les compétences développés sont des qualités admirables, bien sûr. Cependant, les habiletés innées peuvent travailler sans notre dépendance vis-à-vis du Saint-Esprit. Les personnes talentueuses peuvent accomplir des exploits impressionnants. De temps en temps, ces personnes peuvent avoir des gens qui les suivent, inventer des instruments utiles, produire de jolis portraits, composer des chansons touchantes, attirer les votes, ou produire des plans impressifs de construction.

Parfois, cependant, les accomplissements humains peuvent faire plus de mal que de bien. Ceux qui s'adonnent à leurs habiletés naturelles ne peuvent pas accomplir leur potentiel plus élevés ou jouir des pleines bénédictions de Dieu. Les efforts humains, aussi étincelants et impressifs qu'ils puissent être, ne sont à eux-mêmes pas suffisants pour construire le royaume de Dieu ou gagner son approbation.

Au moins six différences résument les distinctions entre les talents humains et les dons spirituels.

Talents et Habiletés Humains	Les Dons du Saint-Esprit
Nous héritons les talents à la naissance.	Nous recevons les dons spirituels à la naissance spirituelle
Les talents humains sont naturels, et ils viennent à travers nos parents et nos ancêtres.	Les dons spirituels sont surnaturels, et ils viennent du Saint-Esprit.
Tout le monde a de talents et des habiletés naturelles.	Seuls les Chrétiens reçoivent les dons du Saint-Esprit.
L'habileté humaine peut fonctionner sans l'aide du Saint-Esprit.	Les dons du Saint-Esprit ne peuvent pas circuler librement sans le Saint-Esprit.
Les efforts humains glorifient les personnes.	Les dons spirituels glorifient Dieu.
Les habiletés humaines travaillent au niveau naturel et apportent les résultats temporaires.	Les dons spirituels travaillent dans un espace surnaturel et apportent les résultats éternels.

Une talentueuse soprano avec des habiletés naturelles hors du commun peut donner du plaisir aux receveurs admirateurs et gagner les félicitations des critiques de la musique. Cependant, de pareils talents humains ne sont pas des dons spirituels. Bien sûr, les Chrétiens devraient développer leurs talents naturels. Dieu peut utiliser et il les utilise effectivement. Cependant, sans les dons spirituels nous ne pouvons pas servir à un niveau nécessaire pour que nos services soient qualifiés d'œuvres du royaume de Dieu. Supposez, par exemple, que la talentueuse soprano avait le don d'évangélisation. Avec son ministère de chanson, elle peut devenir un instrument pour ramener plusieurs personnes à la foi en Jésus Christ.

Parfois une personne avec un talent naturel peut aussi avoir un don spirituel dans le même sillage que son talent naturel. Par exemple, une personne avec le don de discourir pourrait aussi avoir le don de prophétie. Dans ces cas, Dieu intensifie une habileté naturelle en l'élevant au niveau de don spirituel.

Au même moment, la personne la plus inespérée peut recevoir un don spirituel que nous n'aurions pas espéré. Moïse était « lent à parler et lent à la langue ». Cependant, Dieu lui a donné le don de diriger le peuple Hébreux de l'esclavage Égyptien à la Terre Promise et de donner les dix commandements au peuple.

Ceux qui pourraient manquer d'habiletés impressives peuvent produire des œuvres puissantes si Dieu travaille à travers eux par son Esprit. Par exemple, un piano ne peut pas produire de la musique de lui-même. La mélodie vient lorsque les mains d'un expert contrôlent l'instrument. Jésus a dit, «Je suis le cep, vous êtes les sarments. Celui qui demeure en moi et en qui je demeure porte beaucoup de fruit, car sans moi vous ne pouvez rien faire»[3]. Le prophète Zacharie a déclaré le message éternel de Dieu, « C'est ici la parole que l'Éternel...Ce n'est ni par la puissance ni par la force, mais c'est par mon esprit, dit l'Éternel des armées»[4].

Nos talents et nos dons spirituels viennent de Dieu, et il utilise les deux. Les habiletés artistiques, musicales, chirurgicales, mécaniques, esthétiques, et intellectuelles ont leur source en Dieu le créateur. St. Jacques nous rappelle : «Toute grâce excellente et tout don parfait descendent d'en haut, du Père».[5] (Ici, pour le mot 'don' Jacques utilise le mot *dorama*, pas *charisma*). Cependant, pour l'œuvre chrétienne le Nouveau Testament met l'accent sur le besoin des dons spirituels. Parce que ces dons ont des supports bibliques et parce qu'ils viennent du Saint-Esprit et se concentre sur les plus importants ministères de l'église, nous ferions bien de leur accorder d'attention.

3. Si les Traits de Personnalité, les Grâces Spéciales, Les Positions Ecclésiastiques, les Ministères Religieux sont des Dons Spirituels

Certains enseignants confondent les dons spirituels avec les caractéristiques de personnalité. Un animateur d'une conférence a déclaré, « Je crois qu'il y a des centaines de dons spirituels comme 'être amical,' 'être sérieux,' 'avoir un sens de l'humour,' 'jouer au tennis,' 'savoir démarcher les prix,' 'favoriser les chiens plus que les chats' ». L'animateur continua pour dire qu'il a le don spirituel 'd'être un extraverti' et sa fille a le don de 'faire des achats avec sagesse.'

Les qualités comme « être amical, » « être sérieux, » et « être sage dans les achats, » ne sont pas des dons spirituels. De même, que nous soyons extravertis ou introvertis ne détermine pas nos dons spirituels. Certains possèdent le don d'évangélisation et rayonnent avec des personnalités extraverties ; d'autres avec le même don projettent des traits de comportement calme. Certains possèdent le don d'administration et diffusent de l'humour. D'autres avec des personnalités plus calmes sont également dotés de don d'administration et y sont efficaces. Le don spirituel dans ces cas est le même, mais les personnalités diffèrent.

Un sérieux enseignant a écrit que les dons spirituels incluent « souffrance », « pauvreté volontaire », « humour », « artisanat », « musique spirituelle », « prière », « célibat », « hospitalité », et « combat ». Un autre écrivain inclut dans sa liste des dons spirituels des traits comme « amitié », « optimisme », « courage », « persistance », « épargne », « générosité », « propreté vestimentaire », et « compétence commerciales ». Ces dispositions, ministères, et caractéristiques prouvent l'évidence de l'aide de Dieu pour la vie de chaque jour. Elles ne sont pas, cependant, les dons de l'Esprit selon le Nouveau Testament.

Si les dons spirituels ne sont pas les traits de personnalité, les grâces spirituelles ne le sont pas non plus. Quelques exemples de grâces spirituelles incluent le martyr, souffrir de sévères persécutions, vivre dans des besoins extrêmes, et la vie de célibat. Les Chrétiens que Dieu permet de mourir en tant que martyrs, de souffrir des besoins, ou de vivre leur vie dans les monastères ou dans les couvents reçoivent des grâces spéciales de vivre ainsi. Cependant, ces grâces ne sont pas des dons spirituels. Plutôt, ce sont des onctions spéciales de Dieu pour des circonstances extraordinaires.

Parfois les gens embrouillent la distinction entre les dons spirituels, les titres officiels, et les positions. Un enseignant bien sincère a annoncé, « L'un des dons les plus importants c'est la direction de la chorale ». Un office—même une position de l'église—n'est pas un don spirituel. Une position comme directeur de chorale, gérant d'affaires, ou évêque fait référence au ministère que l'on exerce.

Bien sûr, il se peut que celui qui tient la position de pasteur n'aie pas le don de berger. Il y a aussi des gens qui tiennent la responsabilité d'enseignement, mais manquent le don d'enseignement. Il est aussi vrai que certains ont le don d'enseignement sans détenir une position d'enseignant dans l'église. Ou bien l'on peut avoir le don d'administration sans détenir une position d'administrateur. Le point ici consiste à dire qu'une position n'est pas un don, et un don n'est pas une position.

Finalement, le ministère que l'on exerce, la vocation ou l'appel n'est pas un don spirituel. Un animateur d'une conférence a déclaré, « Je pense que nous avons besoin davantage de personnes possédant les dons spirituels de poète, de mécanicien, de coach, d'artiste, et d'expertise en ordinateur ». J'ai lu un auteur qui a affirmé que les dons spirituels incluent, « discours public, prier, offre d'hospitalité durant les rencontres, jouer le violon, entraineur de sports, préparation de repas, et dactylographie ». Une femme m'a dit que son don spirituel était d'« amener son chien en promenade ». Une autre personne a dit sérieusement, « mon don spirituel est de préparer la pâte ». Un homme dans une grande ville a dit que son don spirituel est d'être le maire de la ville. Les ministères, les services, et les carrières sont importants, mais ne sont pas les dons de l'Esprit selon le Nouveau Testament.

L'on peut avoir un appel, disons, d'entraineur, de cuisiner, d'enseigner le tennis, ou de maintenance des gazons. Les dons d'enseignement et d'exhortation pourraient jaillir à travers le ministère d'entrainement. Les dons de service et d'aide pourraient conduire à un ministère de supervision des repas d'église. Les dons d'évangélisation, d'enseignement, et de la sagesse pourraient accompagner le ministère d'enseignement ou de maintenance du sol. Ces vocations ou appels sont des ministères à travers lesquels les dons spirituels trouvent leurs expressions.

Ce chapitre s'est penché sur plusieurs distinctions nécessaires. Nous avons vu que nous ne devons pas confondre les dons de l'Esprit avec le fruit de l'Esprit. Nous avons aussi vu que les dons spirituels diffèrent des talents naturels, et nous devrions distinguer les dons spirituels des traits de personnalité, des grâces spéciales, des positions, et des ministères. Bien sûr, il est mieux d'avoir un cœur droit qu'une juste opinion. Heureusement, cependant, nous n'avons pas besoin de choisir l'un contre l'autre. Avec l'aide de Dieu nous pouvons faire des efforts pour avoir à la foi une vie droite et une bonne pensée.

Notes

[1] 1Cor. 12:1
[2] Gal.522-23
[3] Jean 15:5.
[4] Zach.4:6
[5] Jacq. 1:7

5

Diriger le Point de Concentration

L'enseignement du Nouveau Testament sur les dons du Saint-Esprit donne sept principes. Parfois les auteurs de la Bible les enseignent directement; d'autres fois nous les voyons indirectement. Ces directives ne viennent pas seulement d'un ou de deux versets des Écritures. Plutôt, ils apparaissent dans plusieurs livres du Nouveau Testament écrits par différents auteurs. Les directives dans ce chapitre s'appliquent à tous les dons spirituels. Le *charismata* continue de nos jours, et les principes bibliques suivants demeurent pertinents.

1. Tous les Chrétiens ont des Dons Spirituels

Premièrement, Dieu équipe chaque Chrétien avec un ou plusieurs des *charismata*. Écrivant à l'église de Corinthe au sujet des dons spirituels, St. Paul a affirmé qu'«à chacun la manifestation de l'Esprit est donnée pour l'utilité commune».[1] Parce que Dieu donne des dons spirituels à chaque apprenti de Christ, il n'y a aucun Chrétien sans don.

Dieu ne bloque non plus certains dons à son peuple, sur la base de l'éducation, de la position, de la dénomination, ou de l'intelligence. Que cela soit le male ou la femelle, laïc ou clergé, consacré(e) ou non consacré(e), tous les chrétiens sont des bénéficiaires des dons de Dieu. Aucun chrétien n'a tous les dons de l'Esprit, mais chaque chrétien a au moins un don. Souvent Dieu dote son peuple de plusieurs de ces habiletés extraordinaires. Certains chrétiens ne connaissent pas leurs dons. D'autres qui connaissent leurs dons négligent de les utiliser.

74   *Les Dons du Saint-Esprit dans le Nouveau Testament*

Quelques-uns utilisent mal leurs dons. Cependant, tous les chrétiens ont des dons spirituels.

Paul a rappelé à l'église de Rome ce qui suit : « nous avons des dons différents, selon la grâce qui nous a été accordée ».[2] Ailleurs, Paul a enseigné, « Il y a diversité de dons, mais le même Esprit... Car, comme le corps est un et a plusieurs membres ».[3] Parce que nos dons complémentent ceux des autres chrétiens, chacun d'eux est important dans la communauté des croyants Chrétiens.

Nous ne pouvons pas gagner les dons de Dieu avec de l'argent ou avec des moyens politiques. Dieu nous les donne à cause de sa grâce. Nulle part le Nouveau Testament ne spécifie que nous pouvons recevoir un don spirituel en le demandant. Le livre des Actes raconte le récit d'un païen appelé Simon le Magicien qui voulait acheter la puissance de Dieu. L'apôtre Pierre l'a refoulé en disant : « Que ton argent périsse avec toi, puisque tu as cru que le don de Dieu s'acquérait à prix d'argent! ».[4]

Certainement, l'on peut demander un don spécifique. Les Écritures nous encouragent à aspirer aux dons spirituels, mais souhaiter et insister ne sont les mêmes choses. Parfois Dieu ne nous donne pas le don que nous désirons ou pensons que nous voulons ; à d'autres moments il nous le donne. Il peut vous surprendre avec des dons que vous n'avez ni pensés ni demandés. Nous ne savons pas que Dieu veut que nous découvrions et utilisions les dons spirituels qu'il a planifiés pour nous. À cet effet, St. Paul a encouragé l'église de Corinthe en ces mots: «Aspirez aux dons les meilleurs».[5] Alors que nous demeurons pleinement ouverts au Donateur des dons, nous découvrirons les dons du Donateur.

Si tous les Chrétiens découvraient leurs dons spirituels et les exerçaient fidèlement, Dieu déverserait des bénédictions merveilleuses sur son église. Le plan de Dieu est de travailler à travers nous pour transformer le monde. Quand des individus et des congrégations se réveillent pour s'approprier le pouvoir du Saint-Esprit, la communauté Chrétienne commence à bouger plus rapidement pour accomplir sa commission de faire des disciples de toutes les nations. Chaque chrétien est important pour le fonctionnement approprié du corps de Christ à travers le monde. Et chacun de nous peut faire notre maximum de contribution en découvrant et en utilisant nos dons spirituels.

2. Dieu Nous Donne les Dons Spirituels Sans Notre Mérite Humain

Deuxièmement, nous ne gagnons ni ne méritons les dons spirituels. Nous n'avons pas de pouvoir pour produire les dons spirituels de même que nous n'en avons pour nous sauver nous-mêmes. St. Jacques a dit, « toute grâce excellente et tout don parfait descendent d'en haut, du Père ».[6] Christ bâtit l'église et c'est lui qui nous équipe pour toute bonne œuvre.[7] L'apôtre Pierre a écrit, « Comme de bons dispensateurs des diverses grâces de Dieu, que chacun de vous mette au service des autres le don qu'il a reçu ».[8]

Bien que Dieu nous donne des dons spirituels sans que nous en méritions ou les gagnions, il espère que nous soyons réceptifs. Nous devons coopérer avec Dieu. Il initie, et il espère que nous répondions. St. Paul a écrit, « travaillez à votre salut…car c'est Dieu qui produit en vous le vouloir et le faire, selon son bon plaisir ».[9] Dieu fait sa part, et nous devons faire la nôtre.

Dieu nous a consacré pour que nous devenions des partenaires dans son œuvre sur la terre. George Eliot a écrit un poème émouvant, « Stradivarius, » qui contient les lignes suivantes :

Ton âme était élevée par des ailes aujourd'hui
   Écouter le maître du violon :
   Tu l'as loué, loué le grand Sabastian [Bach] aussi
   Qui a fait cette belle Chaconne ; mais avais-tu pensé;
   À l'ancien Antonio Stradivari ?—lui
   Qui il y a un siècle et demi
   A mis sa vraie œuvre dans cet instrument marron
   Et par l'ajustement agréable de son cadre
   Donna sa vie responsable, continuelle
   Avec les traces des doigts du maître et les rendit parfait
   À travers une rectitude délicate d'usage
   Je dis Dieu même ne peut faire le meilleur de l'homme
   Sans les meilleurs hommes pour l'aider…
   C'est Dieu qui donne compétence,

Mais non pas sans les mains de l'homme : Il ne pouvait pas faire
Les violons d'Antonio Stradivari
Sans Antonio. Accéder à votre chevalet.[10]

Dieu sait où et comment chaque Chrétien sied dans son plan directeur. Alors que les chrétiens se soumettent eux-mêmes humblement et gracieusement à l'objectif de Dieu, ils trouvent l'accomplissement, atteignent leur potentiel, apportent l'unité à l'église, et gagnent des récompenses éternelles. En fin de compte, tous nos bénéfices viennent non du mérite ou effort humain, mais de la grâce et de la bonté de Dieu.

3. Dieu Donne et Distribue ses Dons Selon sa Parfaite Volonté

Troisièmement, Dieu distribue ses dons avec sagesse souveraine. Il confie le *charismata* selon sa volonté, pas selon les désirs et demandes humains. Le Saint-Esprit donne ces dons « à chacun en particulier comme il veut ».[11] La lettre aux Hébreux affirme que Dieu se révèle lui-même à travers « des signes, des prodiges, et divers miracles, et par les dons du Saint Esprit distribués selon sa volonté ».[12]

Nous ne sommes pas aussi sages ou fort pour distribuer les dons de l'Esprit selon nos propres préférences. Ils ne sont pas les dons de votre église, dénomination, parents, ou responsables. Ils nous viennent comme des dons du Saint Esprit, et lui seul les partage selon sa sagesse et sa volonté. Jésus a souligné la souveraineté du Saint-Esprit : « Le vent souffle où il veut, et tu en entends le bruit; mais tu ne sais d'où il vient, ni où il va. Il en est ainsi de tout homme qui est né de l'Esprit ».[13]

Nous avons besoin de recevoir humblement et gracieusement le don ou les dons que Dieu nous confiés. Il serait plus ingrat de dire, « Je n'aime pas les dons spirituels que Dieu m'a donnés, et je voudrais les échanger pour recevoir d'autres. Je veux être comme tel ou tel, pour avoir ses succès ». Dieu nous gratifie avec des dons qui s'accordent parfaitement à nous. Nos dons peuvent nous permettre de servir en public et de manière proéminente ou bien dans des ministères anonymes et non reconnus.

Dieu nous utilise de la manière dont les menuisiers utilisent leurs instruments. Les scies coupent les planches, les marteaux attachent les ongles, les ponceuses rendent lisses les surfaces ; les foreuses creusent des trous et les règles mesures les dimensions. Chaque membre du corps est nécessaire pour la santé et le bon fonctionnement du corps. Paul a écrit, « Maintenant Dieu a placé chacun des membres dans le corps comme il a voulu. Si tous étaient un seul membre, où serait le corps? Maintenant donc il y a plusieurs membres, et un seul corps. L'œil ne peut pas dire à la main: Je n'ai pas besoin de toi; ni la tête dire aux pieds: Je n'ai pas besoin de vous ».14 Dieu le sage donneur des dons connaît ceux qui nous sont mieux. Il n'y a de place ni pour une attitude d'orgueil ni pour un sentiment d'infériorité.

En 1784, John Wesley a préparé un Culte d'Alliance pour ceux qui voulaient servir Dieu avec tout leur cœur, âme, pensée, et force. Cette liturgie contient la prière d'engagement suivante :

> Christ a plusieurs œuvres qui doivent être accomplies; certaines sont faciles, d'autres sont difficiles ; certaines apportent honneur, d'autres apportent des reproches; certaines s'accordent avec nos inclinations naturelles et nos intérêts temporaires, d'autres s'opposent aux deux. Dans certaines nous pouvons plaire Christ et nous plaire nous-mêmes; dans d'autres nous ne pouvons pas plaire Christ à moins que nous nous renions nous-mêmes. Cependant le pouvoir de faire toutes ces choses nous est assurément **donné** en Christ, qui nous fortifie...
> Je ne m'appartiens plus, mais pour toi. Mets-moi dans ce que tu veux, mets-moi dans le rang qui te plaît ; mets-moi au travail, mets moi dans la souffrance ; permet que je sois employé pour toi ou mis de côté pour toi ; exalté pour toi ou rabaissé pour toi; permets moi d'avoir toutes choses; permets moi de ne rien avoir; je cède toute chose volontairement et de tout cœur à ton plaisir et ta disposition... Et l'alliance que j'ai faite sur la terre, qu'elle soit ratifiée dans le ciel. Amen.[15]

Les Écritures nous invitent à recevoir les dons spirituels de Dieu joyeusement, et de les utiliser dans le ministère à l'endroit des autres. Dieu fait de chacun de nous individuellement avec une personnalité unique et sans partage.[16] Cette vérité fait de chacun une personne unique, spéciale, et de valeur. Dieu nous accorde son *charismata* sur la base de la grâce, et pendant que nous suivons Christ, le Saint-Esprit nous ouvre providentiellement des opportunités pour utiliser les dons pour Dieu et les autres.

4. Dieu Donne des Dons pour le Ministère et pour le Service

Quatrièmement, Dieu nous donne des dons non pas pour satisfaire notre curiosité ou bâtir nos egos, mais pour nous équiper pour le service et le ministère. Les Écritures nous disent qu'«à chacun la manifestation de l'Esprit est donnée pour l'utilité commune ».[17] Il y a un important lien entre nos dons et notre service pour les autres. L'apôtre Pierre a écrit, « que chacun de vous mette au service des autres le don qu'il a reçu ».[18]

St. Paul a distillé l'esprit du service Chrétien dans sa lettre à l'église de Philipe : « Ne faites rien par esprit de parti ou par vaine gloire, mais que l'humilité vous fasse regarder les autres comme étant au-dessus de vous-mêmes. Que chacun de vous, au lieu de considérer ses propres intérêts, considère aussi ceux des autres ».[19] Martin Luther a écrit que les chrétiens sont les plus libres de tous, cependant au même moment ils sont « les plus redevables serviteurs de tous ».

Il est possible de mal gérer et d'abuser les dons que Dieu nous a donnés. Une mauvaise gestion peut transparaître quand nous utilisons les dons de Dieu pour gagner le pouvoir personnel, promouvoir la gloire de soi, ou chercher des gains financiers excessifs. Ces usages indignes des dons spirituels causent la désunion parmi certains et résultent en un 'ministère' blâmable ou entaché.

Au contraire, Dieu veut que les dons spirituels unissent le corps de Christ, et ne jamais les diviser. Nous devrons nous efforcer « de conserver l'unité de l'esprit par le lien de la paix ».[20] Jésus a enseigné clairement que, « quiconque veut être grand parmi vous, qu'il soit votre serviteur; et quiconque veut être le premier parmi vous, qu'il soit votre esclave ».[21] Alors que nous portons les fardeaux les uns les autres nous « accomplissons la loi de Christ ».[22]

La Bible se focalise clairement sur la sainteté de cœur et de la vie. Commençant avec l'appel d'Abraham et continuant avec l'arrivée de Christ, Dieu a promis « de nous permettre, après que nous serions délivrés de la main de nos ennemis, De le servir sans crainte, En marchant devant lui dans la sainteté et dans la justice tous les jours de notre vie ».[23] Le résumé de Pierre au sujet des appels à une vie sainte s'applique à tous les disciples de Jésus-Christ : « Puisque celui qui vous a appelés est saint, vous aussi soyez saints dans toute votre conduite ».[24] Toute autre chose devrait nous conduire à accomplir ce but. Prière, étude biblique, discipline de soi, exercices en formation spirituelle—et les dons de l'Esprit—ne sont pas des fins en soi, mais des moyens pour atteindre des objectifs.

Helen Keller a contracté une fièvre à l'âge de 19mois. La maladie a détruit à la fois son ouïe et sa vue. Avec l'aide d'un enseignant dévoué appelé Anne Sullivan, Helen a éventuellement appris à parler. Plus tard dans la vie, Mademoiselle Keller a dit, « Ton succès et ton bonheur résident en toi. Les conditions externes sont des accidents de la vie ». Les réalités les plus durables sont l'amour et le service. Dieu nous donne des dons spirituels afin que nous nous aidions à vivre des vies de sainteté. « Car la grâce de Dieu, source de salut pour tous les hommes, a été manifestée,» apportant le salut à ceux qui croient, les entrainant « à renoncer à l'impiété et aux convoitises mondaines, et à vivre dans le siècle présent selon la sagesse, la justice et la piété ».[25]

5. Chaque Don est Important

Une ancienne fable raconte le récit concernant des membres mécontents d'un corps. Les yeux, les oreilles, les mains, et les pieds se plaignent que l'estomac a pris tout le repas et n'a rien fait en retour. Les membres plaignant du corps s'étaient mis d'accord pour refuser à l'estomac tout autre repas. Bientôt, cependant, ces parties mécontents du corps devinrent faibles et commencèrent à avoir faim. Elles reconnurent que l'estomac était essentiel pour leur bien-être, et elles restaurèrent leur lien avec l'estomac. Immédiatement, l'estomac commença à retourner la nourriture aux yeux, aux oreilles, aux mains, et aux pieds. Plus jamais les autres membres du corps ne s'étaient plus plaints contre l'estomac. Les chrétiens sont les membres du corps de Christ et les différents membres servent des buts différents. Certains ministères sont publics et d'autres ministères s'accordent plus à des milieux individuels. Certains dons ont besoin de l'usage des mots ; d'autres s'expriment mieux à travers les actes. Certains dons conduisent à des louanges publiques ; d'autres apportent peu de compliments et d'acclamations. Cependant, tous les ministères sont essentiels. La Bible ne supportera pas quelqu'un qui dira, « Parce que j'ai ce don, je suis important ». Les Écritures ne justifieront non plus quelqu'un qui dira, « Parce que j'ai ce don, je suis plus important que les autres ». Dieu nous a fait individuellement, et chacun de nous a une dignité et une valeur. Dans un orchestre, le piccolo et les timbales sont des nécessaires compléments aux violons et aux altos. Dans le plan de Dieu, chacun de nous a besoin de nous tous.

St. Paul a enseigné, « Il y a un seul corps et un seul Esprit, comme aussi vous avez été appelés à une seule espérance par votre vocation; il y a un seul Seigneur, une seule foi, un seul baptême, un seul Dieu et Père de tous, qui est au-dessus de tous, et parmi tous, et en tous. Mais à chacun de nous la grâce a été donnée selon la mesure du don de Christ. C'est pourquoi il est dit: Étant monté en haut, il a emmené des captifs, Et il a fait des dons aux hommes ».[26] Les chrétiens appartiennent à un corps.[27] Et Christ est la tête de ce corps.[28] Chaque chrétien a des ministères importants à accomplir. Donner aux autres et recevoir des autres est aussi important que l'œuvre harmonieuse des parties du corps humain.

Occasionnellement, nous entendons quelqu'un dire, « je veux être un chrétien parfaitement bien sans faire partir d'une église ». Cette vue reflète une philosophie séculière de l'autonomie humaine. La vue biblique n'est pas l'indépendance, mais l'interdépendance. Nous avons besoin des autres et les autres ont besoin de nous. Une fois, Dwight L. Moody et un gentleman chrétien ont conversé au sujet de la participation à la vie de l'église. L'ami de Moody a dit, « Je peux être un bon chrétien sans jamais aller à l'église ou avoir des amis chrétiens». Sans répondre, Mr. Moody se leva, enleva un bois brulant d'un foyer en feu, et le plaça sur le foyer (au-dessus). Les deux amis ont regardé silencieusement alors que le bois brulant isolé s'est éteint progressivement.

6. Dieu Nous Tient Responsable pour Découvrir et Utiliser Nos Dons Spirituels

Les Écritures enseignent que nous répondrons à Dieu de la gestion que nous aurions faite de nos dons. Après avoir énuméré certains des *charismata*, St. Paul a ajouté, « Ayez du zèle, et non de la paresse. Soyez fervents d'esprit. Servez le Seigneur ».[29] St. Paul a écrit à Timothée, « Je t'exhorte à ranimer le don de Dieu que tu as reçu... Car ce n'est pas un esprit de timidité que Dieu nous a donné, mais un esprit de force, d'amour et de sagesse ».[30] La parabole de Jésus sur les talents ne laisse aucun doute que Dieu espère que nous soyons des fidèles économes de tout ce qu'il nous a donné.[31] L'homme d'état américain du 19ème siècle Daniel Webster a dit, « La pensée la plus importante qui m'a traversé était celle de ma responsabilité individuelle à l'endroit de Dieu ».

En 1563, suivant la Réformation Protestante du seizième siècle, les Protestants d'Europe ont créé le Catéchisme de Heidelberg. Ce court manuel de la doctrine Chrétienne a servi à faire des enseignements chrétiens importants. La question No55 demande, « Qu'entendez-vous par la communion des saints » ? La réponse prescrite déclare, « Les croyants...ont part dans [le Saint Esprit] et dans tous ses trésors et dons, courageusement et toujours prêts, pour l'avantage et le bien-être d'autres membres ».[32] À travers les ans l'église a peut-être négligé les dons spirituels, cependant leur usage responsable demeure une part importante de la tradition Chrétienne.

Jésus a dit, « On demandera beaucoup à qui l'on a beaucoup donné, et on exigera davantage de celui à qui l'on a beaucoup confié ».[33] Quels que soient nos dons, nous devons devenir efficaces à mesure que chaque année passe. Les Écritures nous disent que nous « tous comparaître devant le tribunal de Christ, afin que chacun reçoive selon le bien ou le mal qu'il aura fait, étant dans son corps ».[34] Jésus a conseillé, « Que votre lumière luise ainsi devant les hommes, afin qu'ils voient vos bonnes œuvres, et qu'ils glorifient votre Père qui est dans les cieux ».[35]

Le Saint-Esprit ne nous change jamais en des personnes passives. Il permet toujours que nous faisions nos choix. Nous sommes différents des objets inanimés. Les ampoules n'ont pas de choix concernant s'ils doivent briller quand quelqu'un allume le courant électrique. Même les animaux agissent par instinct, non par choix. Les humains seuls peuvent *choisir*, et nous faisons cela moment par moment. Elie a dit aux anciens Israelites, « Jusqu'à quand clocherez-vous des deux côtés? Si l'Éternel est Dieu, allez après lui; si c'est Baal, allez après lui! ».[36]

Parfois des gens disent, « Le Saint Esprit me possède de sorte que je n'ai pas de contrôle sur ce que je disais ou sur ce que j'avais fait ». J'ai autrefois vu cet insigne devant une église, « QUAND TU PASSES À TRAVERS CES PORTES, LAISSE TA PENSÉE AU DEHORS. VIENS ADORER ICI SEULEMENT AVEC TON ESPRIT ». Cette idée, quoique bien intentionnée, est sérieusement mal orientée. Nous devons nous rappeler que Jésus a dit, « Tu aimeras le Seigneur, ton Dieu, de tout ton cœur, de toute ton âme, et de toute ta pensée ».[37]

L'Esprit de Dieu travaille toujours en harmonie avec l'esprit humain. St. Paul a montré le lien entre l'initiative de Dieu et notre réponse : « c'est Dieu qui produit en vous le vouloir et le faire, selon son bon plaisir ».[38] Il est bibliquement solide de dire, *Sans Dieu nous ne pouvons pas, et sans nous Dieu ne [fera] pas.*

7. Le Fruit de l'Esprit, Particulièrement l'Amour, Doit Réguler les Dons Spirituels

Les gens soulignent souvent que St. Paul a placé le treizième chapitre de 1 Corinthiens (au sujet de l'amour) entre le douzième chapitre et le quatorzième chapitre (au sujet des dons). L'église primitive Corinthienne a expérimenté tous les dons spirituels, mais la congrégation était immature, déchirée par les conflits, et divisée. Leurs problèmes incluaient l'immoralité, les poursuites judiciaires, et les partis pris. Les désordres envahissaient leurs cultes et leur préoccupation pour des futilités obscurcissait les affaires plus importantes.

La lettre de Paul à cette église se referait aux membres comme des enfants spirituels. La congrégation se vantait de ses dons spirituels, mais manquait sérieusement du fruit du Saint-Esprit. Pour souligner le nécessaire équilibre entre les dons spirituels et le fruit spirituel, St. Paul a stratégiquement intégré le chapitre 13 au milieu de sa discussion sur les dons spirituels. Il a écrit :

> Quand je parlerais les langues des hommes et des anges, si je n'ai pas la charité, je suis un airain qui résonne, ou une cymbale qui retentit. Et quand j'aurais le don de prophétie, la science de tous les mystères et toute la connaissance, quand j'aurais même toute la foi jusqu'à transporter des montagnes, si je n'ai pas la charité, je ne suis rien. Et quand je distribuerais tous mes biens pour la nourriture des pauvres, quand je livrerais même mon corps pour être brûlé, si je n'ai pas la charité, cela ne me sert de rien.[39]

Ces versets renforcent la vérité selon laquelle l'on pourrait avoir plusieurs dons spirituels, mais sans amour ils n'ont pas plus de valeur qu'une cymbale qui ne fait que du bruit. Le fruit du Saint-Esprit a besoin des dons de l'Esprit comme des canaux d'expression pratique. Les dons du Saint-Esprit ont besoin du fruit de l'Esprit pour les garder en bonne visée, les réguler, et les rendre semblables à Christ.

Les sept principes dans ce chapitre nous aident à comprendre et utiliser les dons spirituels que Dieu nous a donnés. En résumé : Dieu donne des dons à tous. Il les donne sans que nous les méritions. Il les donne de manière souveraine et sagement. Il nous les donne pour que nous soyons capables de servir. Chaque don est important, et Dieu nous rend responsables ou redevables au sujet de notre gestion des dons. Finalement, les dons spirituels doivent s'équilibrer ou s'harmoniser avec le fruit de l'Esprit. Ces principes aideront à diriger notre attention et à nous conduire dans le service de Dieu.

Notes

[1] 1Cor. 12: 7.
[2] Rom. 12:6.
[3] 1Cor. 12: 4, 8-10, 14.
[4] Actes 8:20.
[5] 1Cor. 14:1.
[6] Jacq. 1:17.
[7] Matt. 16:18; 2Tim. 2 :21.
[8] 1Pie. 4:10.
[9] Phil. 2:12-13.
[10] George Eliot, "Stradivarius," Complete Poems of George Eliot (Boston: Estes and Lauriat, n.d.), pp.398-402.
[11] 1Cor. 12:11.
[12] Héb. 2:4.
[13] Jean 3:8.
[14] 1Cor.12:18-21.
[15] *The Methodist Book of Worship for Church and Home* (The Methodist Publishing House, 1944), pp. 52-53.
[16] Psa.139.
[17] 1Cor. 12:7.
[18] 1Pie. 4:10.
[19] Phil. 2:3-4.
[20] Éphés. 4:3.
[21] Marc 10:43-44.
[22] Gal. 6:2.
[23] Luc 1: 74-75.
[24] 1Pie. 1:15.
[25] Tite 2: 11-12.
[26] Éphés.4: 4-8
[27] Rom. 12:5; 1Cor. 10:17; Gal. 3:28; Éphés. . 4:13.
[28] Jean 3:31; Rom. 14:9; Ephes. 1:22; 4:15; 5:23; Col. 1:18; 2:19.
[29] Rom. 12:11.
[30] 2Tim. 1: 6-7.
[31] Matt. 25:14-30.
[32] *The Heidelberg Catechism, The Creeds of Christendom*. 3 vols., Fourth edition, edited by Philip Schaff (Grand Rapids: Baker Book House, 1966), 3:325.
[33] Luc 12:48.
[34] 2 Cor. 5:10. Voir aussi, Psa. 62:12; Jér. 17:10; Matt. 16:27; 1Pie. 1:17; Rév. 20:12; 22:12.

[35] Matt. 5:16.
[36] 1Rois 18:21
[37] Matt. 22:37.
[38] Phil.2:13
[39] 1Cor.13:1-3

6
Découvrir le Prix

Le dernier chapitre se focalise sur la découverte de tes dons spirituels. Nous examinerons un plan d'action consistant en cinq suggestions pratiques. Chacune d'elles commence avec un verbe, un mot d'action qui peut servir comme un pas pratique. Ensuite, nous finirons le livre avec un inventaire qui t'aidera à connaître tes dons spirituels.

I
Un plan d'Action pour les Chercheurs Sérieux

Nous avons vu que Dieu ne nous a pas fait à être des instruments passifs. La vie chrétienne est celle de relations actives—relation entre nous et Dieu, et relation entre nous et les autres. Bien sûr, Dieu fait le premier pas vers nous. Après tout il nous a créés. Et, nous ayant créé, il espère que nous fassions quelque chose avec notre vie. Les suggestions suivantes indiquent des pas concrets qui nous permettrons de discerner nos dons.[1]

(1) *Ouvres-toi à Dieu Comme un Instrument pour son Usage.*

Dieu vient vers nous à travers sa volonté révélée dans les Ecritures et à travers le Saint-Esprit travaillant dans nos vies. Etudie les dons du Saint-Esprit et demande à Dieu de t'aider à comprendre sa volonté pour toi. Dieu est moins intéressé dans notre intelligence et nos talents que dans notre volonté et notre obéissance. Il cherche, non pas notre habileté, mais notre disponibilité. Notre réponse la mieux indiquée envers Dieu est de prier, « Seigneur, je ne demande pas que ma volonté se fasse mais que la tienne se fasse en moi et au travers de moi. Je m'abandonne à toi comme ton instrument volontaire pour que tu m'utilises comme tu le désires. Montres-moi les dons que tu as pour moi, et enseigne-moi à répondre à tes œuvres dans ma vie.»

(2) Examine tes désires pour le service et pour le ministère.

Dieu travaille toujours en nous pour faire de nous pleinement ce pourquoi il nous a créé. Son plan pour nous n'est pas de réduire notre joie, notre créativité, notre accomplissement ou réussite. Plutôt, il veut progressivement nous amener à des niveaux élevés de réussite personnelle. Certaines personnes tiennent la notion erronée selon laquelle Dieu voudrait que nous renions tous nos rêves et nos espoirs. Le Roi David avait la vraie vision. Il a écrit, «Fais de l'Éternel tes délices, et il te donnera ce que ton cœur désire ».[2] Pour cela, prend au sérieux tes visions, tes espoirs, et tes ambitions. De même, le Saint-Esprit est entrain de te donner des représentations mentales de sa volonté pour ta vie. Les rêves sanctifiés sont bons quand nous les satisfaisons selon les moyens de Dieu.

(3) Identifie les Besoins les plus pressants que tu vois dans l'Eglise et dans le Monde.

Fais attention à tes soucis concernant le monde autour de toi. Tes dons spirituels te permettent de voir clairement les besoins que Dieu voudrait que tu rencontres. Un souci très fort pour les non-sauvés, par exemple, peut vouloir dire que Dieu t'a donné le don d'évangélisation. Un intérêt persistant à l'endroit de ceux qui sont blessés, affamés, et affaiblis peut vouloir dire que tu as le don d'aider ou de secourir. Réfléchis sur tes soucis. Tes dons spirituels rendent ta conscience sensible des besoins dans les domaines liés à tes dons.

(4) Obéis pleinement à tout ce que tu comprends de la volonté de Dieu.

Jésus a dit, « Celui qui a mes commandements et qui les garde, c'est celui qui m'aime; …je l'aimerai, et je me ferai connaître à lui ».3 L'obéissance à la lumière que nous possédons conduit toujours à une plus grande lumière que nous n'avons pas encore. Supposez que quelqu'un avec un don d'évangélisation non encore découvert prend au sérieux les déclarations suivantes de Jésus, « Mais vous recevrez une puissance, le Saint Esprit survenant sur vous, et vous serez mes témoins».4 Dans un acte de témoignage obéissant, cette personne peut découvrir son don d'évangélisation. Si nous répondons à l'invitation de Christ de prier, nous pouvons découvrir que Dieu nous a donné le don de foi. C'est seulement en obéissant au commandement de devenir des donneurs libéraux et courageux que nous pouvons découvrir que nous avons le don de libéralité. Si nous faisons preuve de fidélité dans les petites choses, Dieu accroîtra nos opportunités et nos récompenses. Un meilleur chemin pour connaître Christ plus clairement est de le suivre de plus près.

(5) Evalue les réponses des autres Chrétiens.

Toutes les discussions des dons spirituels du Nouveau Testament à lieu dans la communauté Chrétienne. St. Paul a dit, « nul de nous ne vit pour lui-même, et nul ne meurt pour lui-même ».5 Dieu n'a pas planifié pour nous d'exister comme des ermites isolés. La communion des autres Chrétiens peut à la fois nous confirmer dans nos dons spirituels et nous aider à voir ce que nos dons *ne* sont *pas*.

Dans un état de l'Ouest [des USA] j'ai ouï un homme dire, « J'ai le don de prophétie, mais personne dans la congrégation n'a jamais eu l'habileté de m'écouter». Si les autres ne t'ont jamais répondu favorablement dans un domaine de ministère, il se pourrait que tu n'aies pas le don spirituel pour cette œuvre. D'un autre côté, les réponses positives des autres peuvent aider à confirmer tes dons spirituels. Dieu voudrait que nous nous affirmions mutuellement au sujet des dons que Dieu a donnés. Soyez rassurés que Dieu a un plus grand intérêt en nous que nous n'en avons à son endroit.

Les cinq suggestions énumérées ci-haut donnent un plan d'action pour la découverte de tes dons spirituels. *Ouvrir, examiner, identifier, obéir,* et *évaluer.* Ces grandes lignes peuvent aider tous les curieux sérieux à trouver leurs dons que Dieu possède pour eux.

II
Un Inventaire Servant comme Aide pour Découvrir tes Dons

L'objectif de l'inventaire des dons spirituels suivant est de t'aider à découvrir le *charismata* que Dieu t'a donné. Tu évalueras probablement tes dons plus efficacement quand tu réponds plus efficacement selon tes intérêts, expériences, désirs spirituels, et la manière dont tu penses que les autres te voient. Evites de marquer les phrases seulement sur la base de ce que tu penses que ti dois marquer ou bien sur la base de comment une autre personne pourrait réagir à tes réponses. Aussi ne répond pas positivement juste parce que tu crois que la déclaration décrit "une bonne chose pour l'église" ou "un ministère qui a besoin d'être fait." Il est plutôt important de marquer les phrases en fonction de comment elles s'appliquent à *toi.*

Il est crucial pour toi de connaitre à la fois ce que *sont* tes dons spirituels, et ce qu'ils *ne sont pas.* Nous avons vu que les Chrétiens n'ont pas les mêmes dons. Evidemment, Dieu ne nous a pas appelés à des ministères identiques. Connaître ce que ne sont pas tes dons nous garde en dehors des appels ou ministères qui ne s'accordent pas à nous; connaître ce que sont nos dons nous conduit dans des vocations ou ministères que Dieu voudrait pour nous.

En remplissant ce questionnaire, certaines personnes ont tendance à choisir un nombre plus élevé pour une déclaration donnée quand elles sentent que ladite déclaration les décrit bien, et puis, ils placent un zéro pour presque toutes les autres déclarations. Pour eux, c'est le tout ou rien du tout. D'autres personnes, cependant, oscillent prudemment entre ces deux extrêmes. Mais nous devons savoir que Dieu nous a fait avec différentes personnalités et émotions. Il n'y a pas de 'vraie' ou 'fausses' réponses. En remplissant ce questionnaire, sois honnête le plus possible en remplissant chaque phrase.

Dans les lignes ci-dessous tu verras 100 déclarations qui t'aideront à découvrir tes dons spirituels. Certaines phrases te décriront plus exactement, et d'autres ne s'accorderont pas du tout à toi. De grâces, répond numériquement à toutes les phrases. Entre pour chacune des phrases un score allant de 0 à 3.

0 veut dire, 'Négative ou Non Pertinente.' C'est-à-dire, 'Ceci ne me décrit pas du tout.' 'J'ai jamais senti ainsi ou fait cela.' 'Cela ne s'accorde simplement pas à moi.'
1 veut dire, 'Peut-être.' 'Beuh, peut-être.' Autrement dit, 'Je ne suis pas prêt à exclure ceci, mais je ne suis pas certain que cela s'applique à moi.'
2 veut dire, 'Assez sûre.' En d'autres termes, 'Je pense que cette déclaration me décrit assez bien. Cependant, j'ai besoin du temps pour être certain qu'elle s'applique totalement à moi.'
3 veut dire, 'Ceci est positivement moi.' C'est-à-dire, 'Droit sur la cible.' 'Je suis certain de ceci.' 'D'autres ont confirmé ceci me concernant.'

Apres avoir marqué tes réponses aux déclarations, ajouter les nombres dans les colonnes horizontales. Par exemple, ajouter les nombres que vous auriez placés après 1, 21, 41, 61, et 81. Enregistrez tous vos scores dans la colonne marquée **Total**. Le score plus bas pour chaque don spirituel est 0, et le plus élevé est 15.

Après avoir fini l'inventaire, copie tes scores sur la charte qui se trouve à la page 102 titrée « Identifier Mes Dons Spirituels». Tes nombres les plus élevés indiquent les dons spirituels que Dieu t'a probablement donnés.

Tu pourrais avoir un don, deux dons, ou trois dons. Peut-être plus. Chaque chrétien possède au moins un don (mais aucun Chrétien n'a tous les dons du Saint-Esprit). Tu seras surpris de ce que tu découvriras. Ou bien, l'inventaire peut confirmer ce que tu crois déjà ou ce que tu soupçonnes te concernant toi-même.

Tu auras des raisons de remercier Dieu qui t'a doté d'habiletés merveilleuses, qui peuvent façonner ce que tu fais ou feras durant le reste de ta vie.

Un Inventaire des Dons Spirituels
(Entre un 0, 1, 2, ou 3 au côté gauche de
chaque déclaration)

_____1. J'ai un ardent désir d'établir une nouvelle communauté Chrétienne là où il n'y en a pas d'autres. Je crois que je pourrai m'adapter à une culture étrange et parler de Jésus aux autochtones.

_____2. J'aime parler aux autres concernant la parole de Dieu et comment elle peut leur parler dans leur vie de chaque jour.

_____3. Je suis très préoccupé(e) par les personnes non encore sauvées, et je peux courageusement partager l'amour de Dieu avec eux et les inviter à donner leur vie à Jésus Christ.

_____4. Il m'est aussi naturel d'aider à guider les autres dans leur vie Chrétienne comme il l'est pour un entraineur de développer les membres d'une équipe.

_____5. Je peux comprendre une vérité Chrétienne que Dieu m'a montrée, et je ressens une poussée intérieure à l'enseigner à d'autres.

_____6. Ma plus grande satisfaction est de servir les besoins des autres. Je préfère rester dans l'ombre que de rester au-devant ou au centre.

_____7. Je veux encourager les autres à suivre de bons conseils et devenir ce que Dieu veut qu'ils deviennent.

_____8. Je préfère donner un don que d'en recevoir et je trouve plus de joie à partager avec les autres.

_____9. J'éprouve de la satisfaction à diriger un groupe dans un projet qui peut être un bénéfice les autres.

____10. J'éprouve de l'empathie pour les personnes avec blessures et problèmes, et Dieu m'aide à les réconforter.

____11. Dieu me conduit souvent à prier pour les malades, et je crois que Dieu peut guérir toute blessure humaine.

____12. Il y a eu des moments où j'ai prié pour quelque chose qui a semblé ne pas avoir de solution, et Dieu a œuvré miraculeusement.

____13. Plus d'une fois, j'ai parlé en langues inconnues.

____14. Quand d'autres parlent en langues, je comprends parfois le sens de ce qu'ils disent.

____15. Parfois Dieu m'utilise à suggérer une ligne d'action sensible quand d'autres semblent confus à propos de ce qu'il faut faire.

____16. Par moment je suis devenu conscient de quelque chose de bon que Dieu est en train de faire dans la vie de quelqu'un comme lorsqu'il est en train de les guérir, les sauver, et de les bénir.

____17. En réponse à mes prières de foi, Dieu a œuvré miraculeusement, même quand les circonstances semblaient insurmontables.

____18. J'ai noté de faux enseignements dans des sermons et des livres, même quand mes amis n'éprouvaient rien de faux les concernant.

____19. J'ai un souci spécial d'aider les faibles et les nécessiteux, et j'éprouve du plaisir à les servir.

____20. Il est naturel pour moi de diriger les autres parce que je suis aisément capable de penser aux possibilités futures et je cherche la direction de Dieu pour le groupe.

____21. Je désire intentionnellement voir des groupes de personnes qui ne connaissent rien de Christ parvenir à le connaître.

____22. Même si je n'ai jamais prêché un sermon, j'ai une envie intérieure de partager avec d'autres le plan merveilleux que Dieu a pour eux et comment Dieu souffre quand nous lui tournons dos.

____23. Il m'est plus facile qu'il ne l'est pour plusieurs de mes amis de parler aux gens concernant sur l'importance d'abandonner leur vie à Jésus Christ comme leur Seigneur.

____24. Je suis préoccupé(e) par le bien-être spirituel et la solidité doctrinale des autres, et je crois que j'ai la responsabilité de les aider à devenir de meilleurs disciples.

____25. J'ai une poussée intérieure à comprendre la Bible et de trouver des opportunités d'expliquer ses vérités à d'autres.

____26. Je pense que mon ministère est de servir ceux qui servent dans les domaines de l'enseignement, la prédication, et le leadership.

____27. Je trouve du plaisir à écrire les notes d'encouragement et aider à bâtir la confiance en des gens pour les inspirer à être et faire de leur mieux.

____28. De temps en temps Dieu me guide à donner de l'argent pour répondre à un besoin spécifique ou une cause particulière. Parfois, je ressens le montant qu'il veut que je donne.

____29. Quand un projet comporte des défis, je peux organiser une équipe pour accomplir la tâche.

____30. Je ressens la compassion pour les personnes en misère, en affliction, et en détresse, même si d'autres disent que ces personnes ne méritent pas notre sympathie.

____31. Je veux que Dieu rendent aux malades une santé complète, et je pense qu'il veut m'utiliser comme un instrument de guérison.

____32. Je crois que Dieu fait des miracles de nos jours. Je l'ai vu plus d'une fois, et je pense que Dieu veut nous donner des bénédictions surprenantes.

____33. Prier en langues m'aide à être plus proche de Dieu.

____34. Quand j'interprète quelqu'un qui parle en langues, je désire que les non Chrétiens soient présents afin qu'ils écoutent l'interprétation.

____35. Je crois que Dieu m'aide des fois à comprendre comment la Bible parle en réponse aux sujets confus et controversants.

____36. De temps en temps, je surprends quelqu'un en leur disant quelque chose les concernant qu'ils ne m'ont jamais dit auparavant. Des fois, il arrive que je connaisse ces informations.

____37. Je crois que Dieu a promis de faire des œuvres miraculeuses, particulièrement quand nous avons besoin de lui le plus.

____38. Je me sens fortement agité(e) quand les gens qui affirment détenir une autorité divine enseignent et prêchent des idées contraires à l'Ecriture.

____39. J'arrive à remarquer rapidement les besoins des autres, et je n'ai pas besoin de compensation pour les services subalternes que je peux leur rendre.

____40. J'ai une facilité à organiser, et je peux guider les gens à travailler ensemble, les aider à s'accorder sur des objectifs communs et à coopérer pour les atteindre.

____41. Je pense que Dieu pourrait vouloir que j'aille vers les peuples d'une différente culture pour leur parler du salut. Peu importe si c'était ici au pays ou quelque part d'autres à mi-chemin à travers le monde.

_____42. Je n'ai pas peur de prendre une forte position pour la vérité de Dieu et de l'appliquer pour le présent.

_____43. Je suis prêt(e) pour parler ouvertement de ma foi en Christ, et je voudrais conduire d'autres à avoir confiance en lui comme leur Sauveur.

_____44. Je peux être patient avec ceux qui font de lent progrès dans leur vie Chrétienne. Même quand ils ne veulent pas d'aide, je suis prêt à être là pour eux.

_____45. Je crois qu'il est important de tester tous les enseignements religieux sur la base des Ecritures, et cela me gêne d'entendre quelqu'un tordre le coup au message Chrétien.

_____46. J'ai un souci majeur pour les besoins des autres que pour mes propres besoins.

_____47. Je suis connu comme quelqu'un qui courage, comme quelqu'un qui aide les personnes sincères à prendre le vrai chemin et y demeurer. Vous pouvez dire que je suis un(e)meneur (meneuse) spirituel(le).

_____48. Il semble que presque chaque fois que je donne de l'argent pour l'œuvre de Dieu ou à des gens dans le besoin Dieu ouvre de chemin pour moi pour avoir de l'argent additionnel afin que je puisse donner davantage.

_____49. Je peux voir l'image globale mieux que beaucoup d'autres, et je puis diriger un projet de groupe. Je ne me vante pas de cela, mais je pense que Dieu m'a fait pour être un leader.

_____50. J'ai un profond désire pour exprimer l'amour et le soin envers les personnes faibles qui sont troublées et qui sont sous le stress.

____51. Plus d'une fois, quand j'ai prié pour les malades Dieu les a guéris.

____52. Par moments, j'ai prié et Dieu a fait des œuvres humainement impossibles.

____53. J'ai prié en langues inconnues alors que personne ne m'a poussé ou mis de pression sur moi pour faire ainsi.

____54. Quand j'entends les autres prier en langues, je pense parfois qu'ils ne sont pas en train de prier Dieu.

____55. Souvent le groupe se tourne vers moi pour des conseils concernant le chemin le mieux indiqué à suivre.

____56. Plus d'une fois j'ai parlé avec quelqu'un et Dieu m'a aidé à voir ce que son vrai problème est. Des fois de telles personnes ne le savent pas elles-mêmes jusqu'à ce que je les eus aidé à le voir.

____57. Il est naturel pour moi de prier pour les miracles dans les vies des gens. Apres avoir prié et demandé à Dieu d'œuvrer puissamment, il a agi ainsi des fois.

____58. Dieu m'a aidé à détecter des faux enseignements afin que j'avertisse mes amis et les oriente dans la bonne voie.

____59. Sans que personne ne me le demande, je me sens inspiré(e) à aider les personnes rejetées que d'autres négligent.

____60. En tant qu'un leader, je peux voir les problèmes du groupe et prendre la responsabilité d'aider les gens à les surmonter. Les gens ont confiance en moi et acceptent mon leadership.

____61. J'ai des dons spirituels qui me permettraient de faire des œuvres missionnaires pionnières parmi ceux qui n'ont jamais encore entendu parler de Jésus Christ.

_____62. Faisant parti du témoignage à la parole merveilleuse de Dieu, je crois que Dieu m'utilise pour opposer les mensonges religieux et me faire le champion de la vérité Chrétienne.

_____63. J'ai un souci profond de voir les personnes perdues venir à Jésus Christ, et je me sens bien en parlant avec eux au sujet de leur besoin de devenir Chrétiens.

_____64. Il est important pour moi de garder les confidences et de connaître les forces et les faiblesses de mes amis Chrétiens afin que je puisse les encourager le long du chemin.

_____65. J'éprouve spécialement du plaisir à écouter et lire les enseignements et les pensées bibliques au sujet de « quoi » et du « pourquoi » des sujets.

_____66. Des fois je trouve les moyens de faire les œuvres de service pratiques, même quand les autres ne font rien au sujet de ces besoins et opportunités.

_____67. Je suis capable d'inciter les autres à suivre de bons conseils et commencer à faire la volonté de Dieu. Quand ils deviennent abattus et découragés, je peux les élever et leur permettre d'avancer avec une joie renouvelée.

_____68. Je suis très sensible aux besoins matériels des autres, et je voudrais pourvoir à ces besoins en puisant de ce que Dieu m'a donné.

_____69. Je préférerais gérer un projet de travail consistant à réparer une maison à une famille sans abri mieux que d'enseigner une classe ou de prêcher un sermon.

_____70. Je ne suis pas indisposé(e) par les personnes en misère. Plutôt, quand je les rencontre je suis très enthousiasmé(e) à trouver les moyens pour les aider.

_____71. J'ai de souci pour ceux qui souffrent de douleurs physique, mentale, ou émotionnelle, et durant les quelques mois passés Dieu m'a conduit à prier pour un ami malade ou une personne membre de la famille.

____72. Je crois que des fois Dieu fait des miracles quand nous pensons que l'espérance est épuisée. J'ai vu le Seigneur œuvre miraculeusement pour le bénéfice des personnes.

____73. J'ai prié en langues, et j'aurais souhaité être conscient(e) de ce que je priais.

____74. Quand j'entends les gens parler en langues je peux souvent dire si leurs prières sont sincères ou pas.

____75. Plus d'une fois quand le groupe discute d'un problème, le Seigneur m'a aidé à offrir de solides conseils qui ont apaisé les tensions et ouvert le bon chemin d'action.

____76. Parfois, sans que personne ne me le dise, Dieu m'a rendu capable de connaître quelque chose qui se passait dans la vie de quelqu'un.

____77. Quand une circonstance semble impossible, il est aisé pour moi de croire que Dieu écoutera nos prières si nous prions sans intérêt et dans la foi qu'il a le pouvoir d'agir.

____78. Je remarque rapidement si les orateurs publiques interprètent ou appliquent mal les Ecritures.

____79. Je peux avoir une idée des moyens d'aider les pauvres et les faibles, et je trouve la joie à les faire sentir aimés et acceptés.

____80. Les gens disent que je suis un leader, et je trouve du plaisir à aller dans les détails pour aider le groupe à travailler aisément.

____81. Je voudrais apprendre au sujet d'une autre culture, ou bien d'une autre langue, afin que je puisse apporte la bonne nouvelle de Dieu à ceux qui sont hostiles au Christianisme.

____82. Parce que la Bible condamne le vice et l'hypocrisie, je ressens l'obligation de prendre une position contre ces maux dans la société.

____83. Si j'avais le choix, je passerais plutôt du temps à aider quelqu'un à croire en Christ pour la première fois que de faire d'autres ministères.

____84. Je me sens responsable d'aider mes amis le long du droit chemin, même si cela veut dire les corriger quand ils décornent.

____85. Je suis insatisfait(e) avec des explications floues sur la vérité de Dieu. Je veux la comprendre et la partager avec d'autres de la manière la plus claire possible.

____86. Je suis prêt à prendre des mesures pour satisfaire les besoins pratiques et physiques des autres au lieu de juste parler de ces besoins.

____87. D'autres se confient souvent en moi parce qu'ils sentent mon souci [pour eux] et mon habileté à donner les conseils solides et pratiques.

____88. Je vois des problèmes que les dons de libéralités généreuses peuvent résoudre, et je me sens responsable des ressources que Dieu m'a données pour aider les autres.

____89. Je ne suis pas gêné(e) de rassembler des personnes pour qu'elles joignent un projet que je suis en train de diriger.

____90. Je fais très attention aux paroles et actions qui pourraient infliger de l'embarras ou de la douleur aux autres.

____91. Quand je vois des enfants malades ou blessés à la télévision je prie pour que Dieu les guérisse.

____92. Je crois que si nous avions une foi solide en Dieu il œuvrerait miraculeusement dans le monde aujourd'hui.

____93. Prier en langues est important dans ma vie.

____94. Bien que je ne prie pas en langues, je peux parfois comprendre ce que quelqu'un voudrait dire quand ils parlent en langues.

____95. D'autres disent que Dieu m'a utilisé pour donner de bons conseils sur des sujets compliqués et des choix difficiles.

____96. D'un moment à l'autre, Dieu m'a rendu conscient(e) de ce qu'il est en train de faire dans la vie des autres.

____97. Même si les gens hésitent dans la foi, moi je suis capable de croire dans l'œuvre providentielle de Dieu et l'attendre pour répondre à nos prières à sa propre manière et en son temps.

____98. Je suis capable de discerner quand les responsables religieux comptent plus sur eux-mêmes que sur le Saint-Esprit. Je peux aussi discerner quand un(e) orateur (oratrice) est sincèrement dévoué(e) à Dieu.

____99. L'une de mes grandes satisfactions est de servir les nécessiteux qui ont peu à donner en retour même s'ils n'apparaissent pas reconnaissants.

____100. Je trouve du plaisir à rassembler les autres en une équipe efficace. J'aime voir les membres contribuer leurs habiletés spéciales et travailler en harmonie les uns avec les autres.

Fiche de Résumé de l'Inventaire des Dons Spirituels

					Total
1.___	21.___	41.___	61.___	81.___	___
2.___	22.___	42.___	62.___	82.___	___
3.___	23.___	43.___	63.___	83.___	___
4.___	24.___	44.___	64.___	84.___	___
5.___	25.___	45.___	65.___	85.___	___
6.___	26.___	46.___	66.___	86.___	___
7.___	27.___	47.___	67.___	87.___	___
8.___	28.___	48.___	68.___	88.___	___
9.___	29.___	49.___	69.___	89.___	___
10.___	30.___	50.___	70.___	90.___	___
11.___	31.___	51.___	71.___	91.___	___
12.___	32.___	52.___	72.___	92.___	___
13.___	33.___	53.___	73.___	93.___	___
14.___	34.___	54.___	74.___	94.___	___
15.___	35.___	55.___	75.___	95.___	___
16.___	36.___	56.___	76.___	96.___	___
17.___	37.___	57.___	77.___	97.___	___
18.___	38.___	58.___	78.___	98.___	___
19.___	39.___	59.___	79.___	99.___	___
20.___	40.___	60.___	80.___	100.___	___

Identifier Mes Dons Spirituels
(Place tes totaux à gauche de chaque don spirituel dans l'ordre précédent)

_____ A. Apostolat

_____ B. Prophétie

_____ C. Evangélisation

_____ D. Berger/Pasteur

_____ E. Enseigner

_____ F. Servir

_____ G. Exhortation

_____ H. Libéralité

_____ I. Aider/Présider

_____ J. Compassion

_____ K. Guérison

_____ L. Œuvres de Miracle

_____ M. Langues

_____ N. Interprétation des Langues

_____ O. Parole de Sagesse

_____ P. Parole de Connaissance

_____ Q. Foi

_____ R. Discernement

_____ S. Secourir

_____ T. Administration

Enumère vos deux, trois, ou quatre premiers dons ici.

Dons   **Point en Total**

_____

_____

_____

_____

Apres avoir découvert tes don(s) spirituel(s), tu voudras les développer et les déployer. Alors que nous utilisons nos dons pour servir Dieu et les autres, nous porterons des fruits qui dureront. Jésus a dit, « Si vous portez beaucoup de fruit, c'est ainsi que mon Père sera glorifié, et que vous serez mes disciples....Je vous ai dit ces choses, afin que ma joie soit en vous, et que votre joie soit parfaite ».[6] Sans Dieu et les œuvres puissantes qu'il accomplit en et à travers nous, nos vies sont défectueuses. Avec lui, nous sommes sur le chemin de devenir tout ce que Dieu a prévu pour nous d'être quand il a insufflé le souffle de vie en nous.

Notes

[1] Certains de ces points apparaissent dans mon livre précédent portant sur les dons spirituels, *Les Dons de l'Esprit* (Nashville : Abingdon Press), pp.108-116.
[2] Psa.37:4.
[3] John 14:21.
[4] Actes 1:8.
[5] Rom.14:7.
[6] John 15:11.

Au Sujet de l'Auteur

Le Dr. Kenneth C. Kinghorn est un pasteur-enseignant consacré au ministère dans l'Eglise Méthodiste Unie des Etats-Unis. Il enseigne l'Histoire de l'Eglise à la Faculté de Théologie appelée Asbury Theological Seminary. Il a obtenu le diplôme M.Div (équivalent au DEA en Théologie) à Asbury Theological Seminary de même que son PhD à Emory University en Géorgie aux Etats-Unis. Il a aussi fait des travaux postdoctoraux à l'Université de Cambridge en Grande Bretagne. En dehors de ses activités académiques à la faculté de théologie, Dr. Kinghorn enseigne dans les églises locales et dans les évènements au niveau des conférences (rassemblant plusieurs églises locales). Ses devoirs d'enseignement l'ont conduit en Angleterre, au Japon, en Corée, en Belgique, en Suisse, en Israël, en Grèce, en Turquie.

Dr. Kinghorn et sa femme, Hilda, ont quatre enfants d'âges adultes, chacun d'eux servant dans un ministère Chrétien. Il a écrit seize livres, la plupart ayant été traduit en des langues comme le Japonais, le Russe, l'Espagnol, le Suédois, et l'Estonien. Dr. Kinghorn aime collecter les portraits et les gravures de John et Charles Wesley. L'un de ces passe-temps les plus favoris est de visiter les anciens cathédrales et églises en Angleterre et ailleurs. Il aime faire du jardinage, les travaux de bois, les musiques classiques, les musées, et servir Dieu dans d'autres pays autres que les Etats-Unis.

Au Sujet du Traducteur

Mathieu S. Gnonhossou est un laïc Méthodiste Béninois, spécialisé en théologie pratique. Il est activement impliqué dans le ministère de réveil au sein de l'Eglise Protestante Méthodiste du Benin (EPMB) à travers le Mouvement Missionnaire pour l'Evangile de Christ (MMEC) qu'il a cofondé et continue de codiriger. Il a obtenu une License es-Lettres et une Maîtrise es-Lettres en Sciences du Langages et de la Communication à l'Université d'Abomey-Calavi, en République du Bénin.

Il est aussi détenteur d'un Master of Arts en Mission Interculturelle de Fresno Pacific Biblical Seminary en Californie, et d'un doctorat professionnel en théologie pratique (DMin) avec spécialisation en accompagnement psychologique et familial à Asbury Theological Seminary dans l'état de Kentucky aux USA. Présentement, Mathieu est un candidat au PhD en théologie et anthropologie à l'Université de Manchester/Nazarene Theological College en Grande Bretagne. En dehors des séminaires de formation pour les laïcs qu'il a animés sur plusieurs années, Mathieu a enseigné des cours au niveau supérieur à Wilmore, Kentucky aux USA en tant qu'un stagiaire et à Lagos, Nigeria en tant qu'un enseignant-visiteur.

www.ingramcontent.com/pod-product-compliance
Lightning Source LLC
Chambersburg PA
CBHW030234240426

43663CB00036B/437